Antiestrés
COLOREA POR NÚMEROS

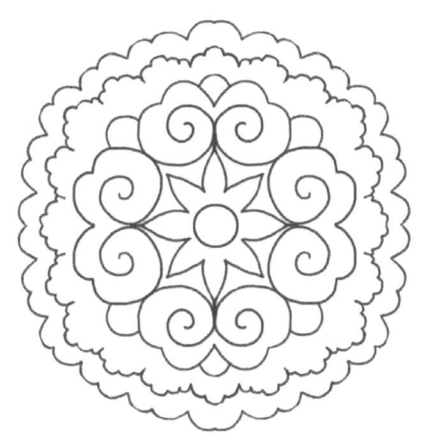

Antiestrés
COLOREA POR NÚMEROS

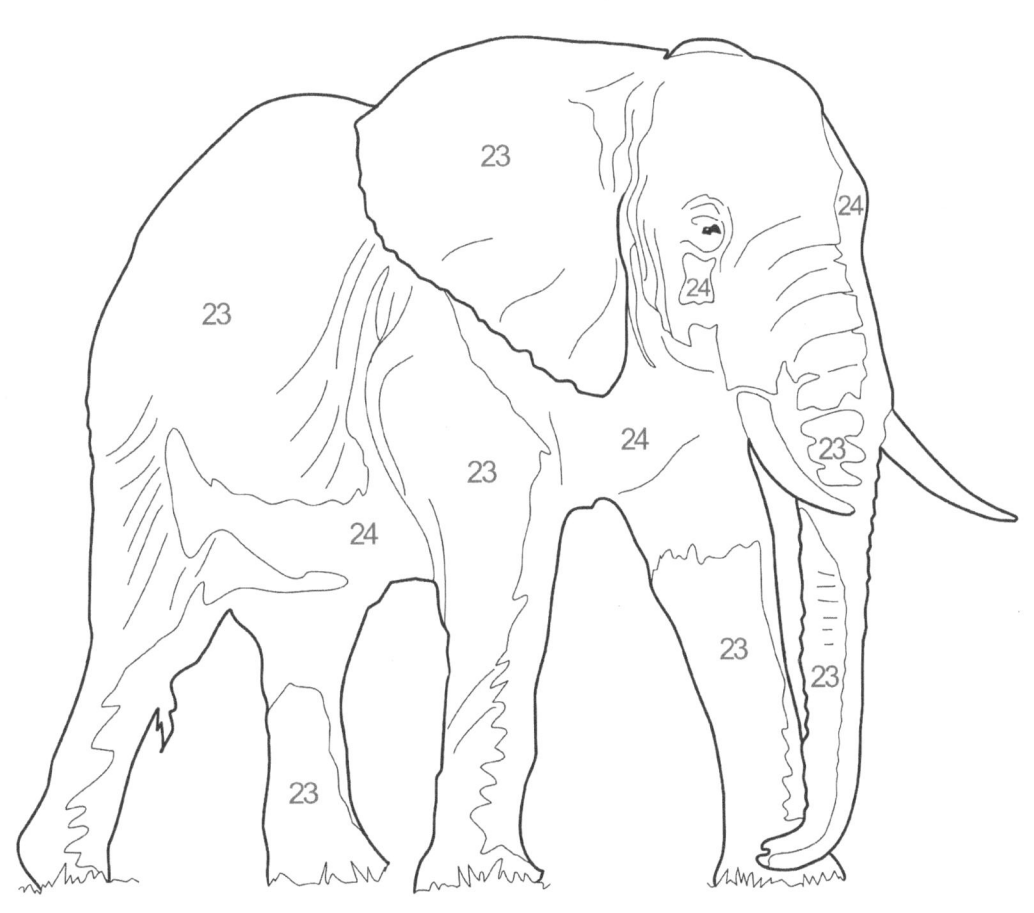

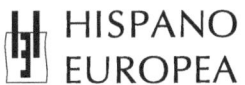 HISPANO
EUROPEA

Título de la edición original: Mindfulness. Color by numbers

Copyright © Arcturus Holdings Limited
26/27 Bickels Yard, 151–153 Bermondsey Street,
London SE1 3HA

© de la edición en castellano, 2026:
Editorial Hispano Europea, S. A.
E-mail: hispanoeuropea@hispanoeuropea.com

Depósito Legal: B 3346-2026
ISBN: 978-84-255-2129-4

Consulte nuestra web:
www.hispanoeuropea.com

Impreso en España

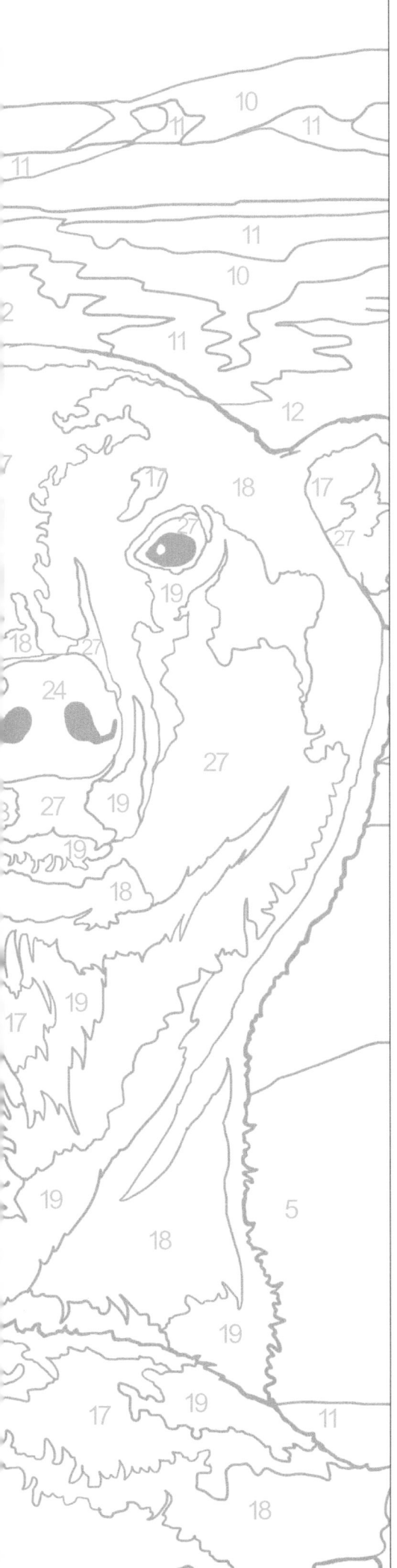

INTRODUCCIÓN

Tomarse un tiempo para reflexionar sobre nuestra vida y el maravilloso planeta en el que vivimos es esencial para nuestro bienestar, y esta hermosa colección de imágenes para colorear por números ofrece una forma agradable y relajante de reducir el ritmo y escapar de las presiones de la vida cotidiana.

Las imágenes seleccionadas incluyen intrincados círculos geométricos y caleidoscopios giratorios, así como magníficos paisajes de la naturaleza, como una playa tropical, montañas cubiertas de nieve y campos ondulados.

Lo maravilloso de las composiciones de este libro es que el trabajo ya está hecho para ti: ni siquiera tienes que preocuparte por elegir los colores. Todas las imágenes están numeradas, y los números corresponden a la guía de colores en la solapa trasera de la cubierta. Combina tus lápices o rotuladores lo más fielmente posible con los colores de la guía; incluso puedes etiquetarlos con los números para facilitarte el trabajo. Si un espacio no tiene número, significa que debe dejarse en blanco o colorearse con un lápiz blanco.

Desde mandalas hipnotizantes hasta paseos por el campo y animales por doquier, este libro garantiza relajación y atención plena mientras celebra la belleza, la geografía y la naturaleza del mundo que nos rodea.

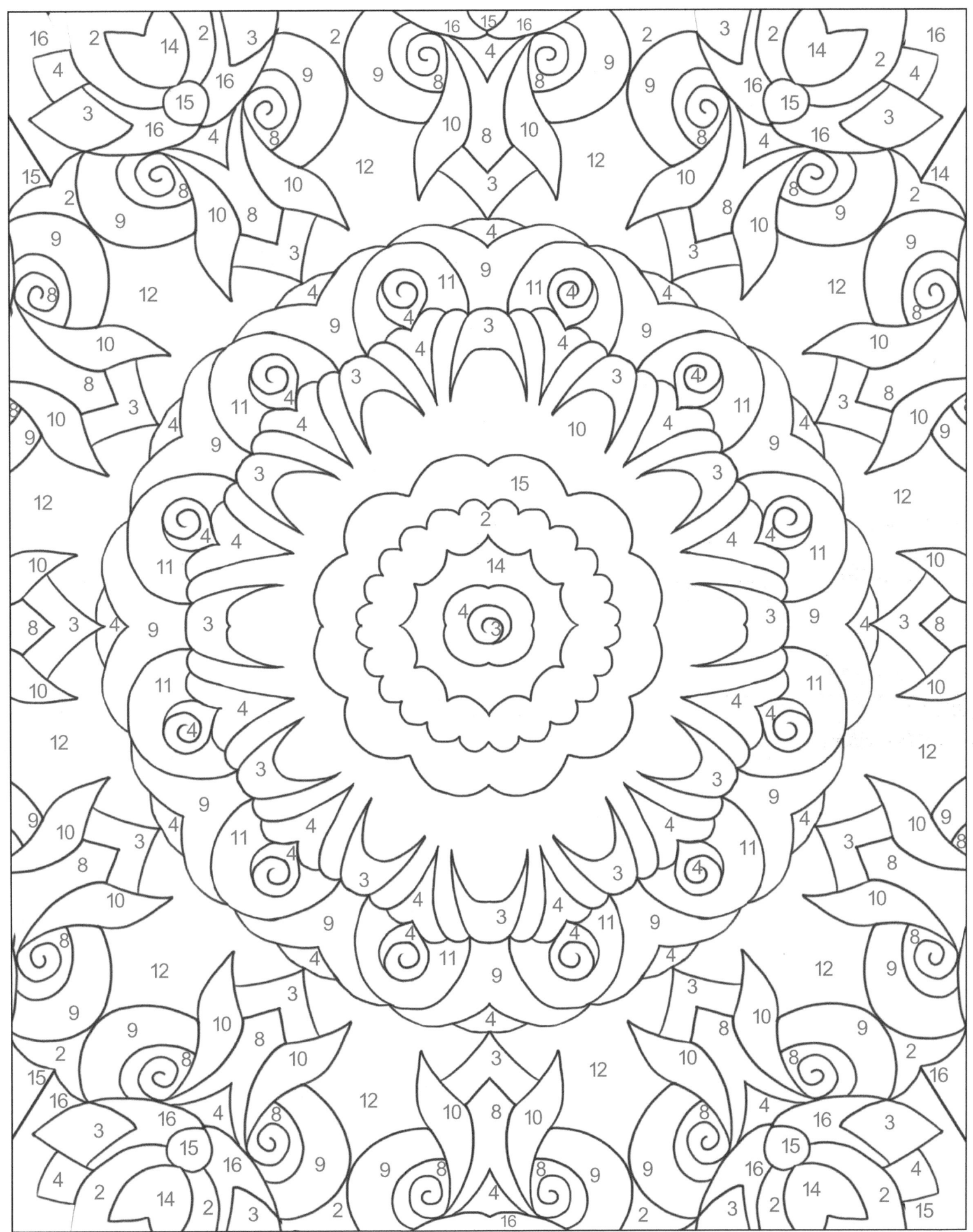

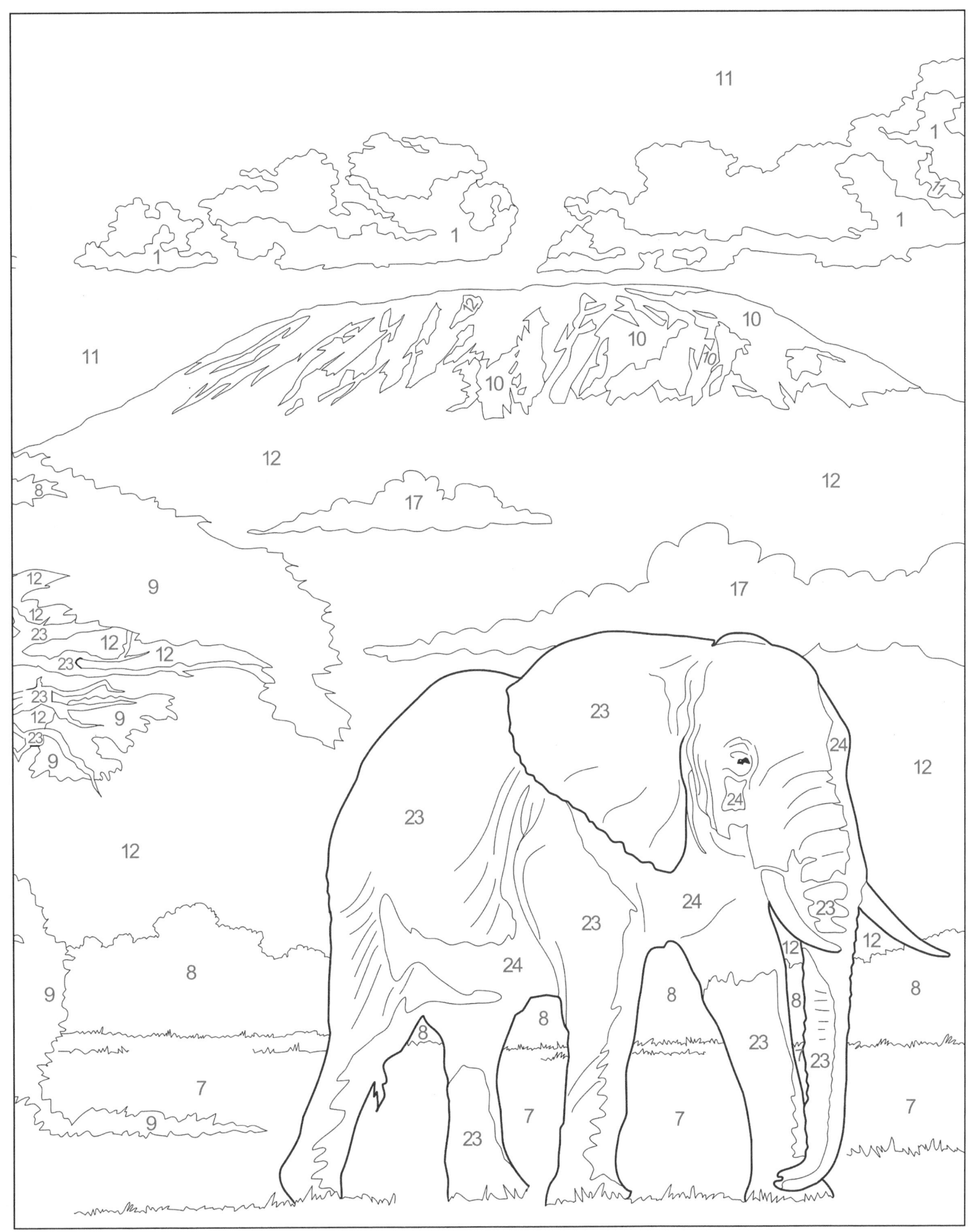

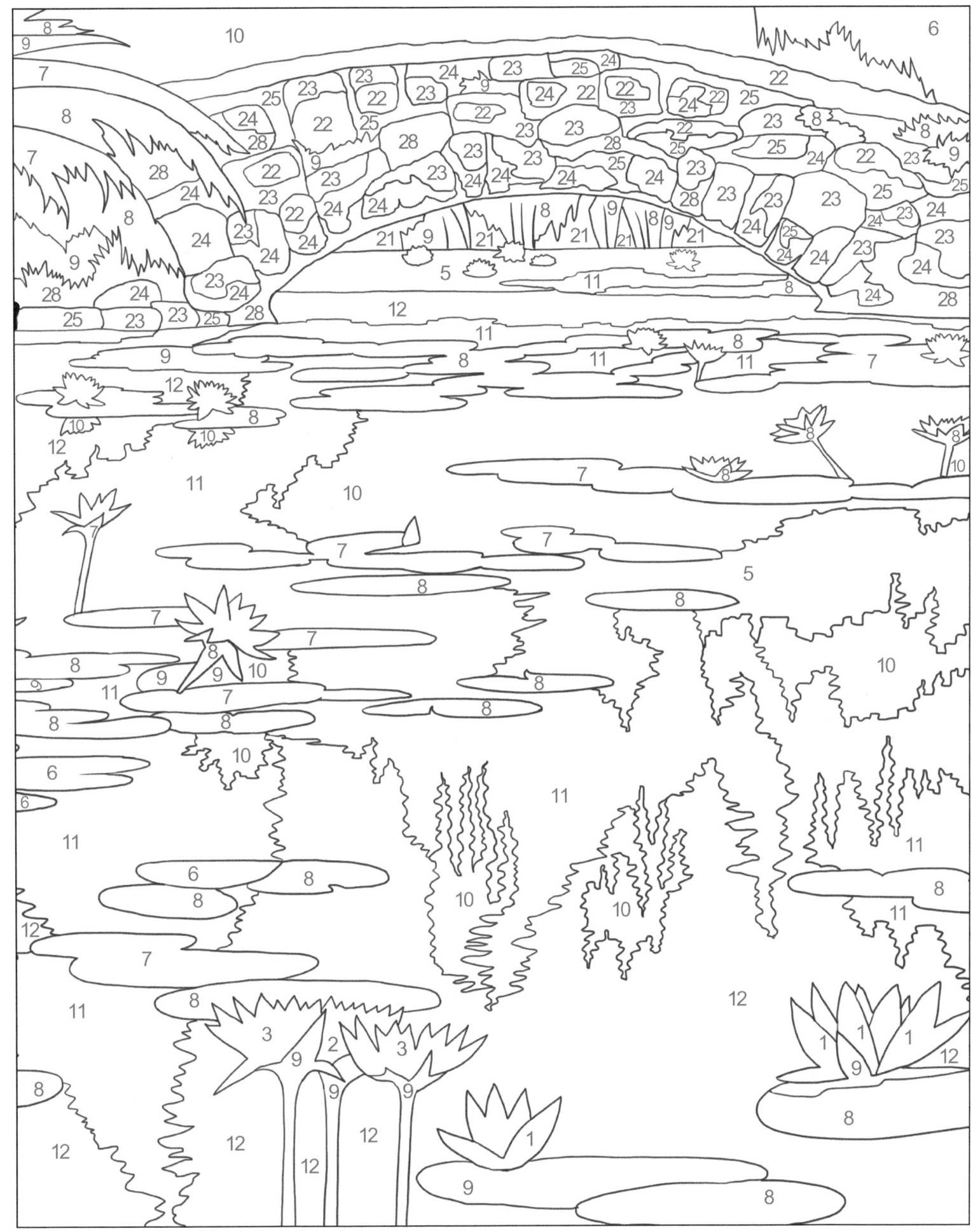

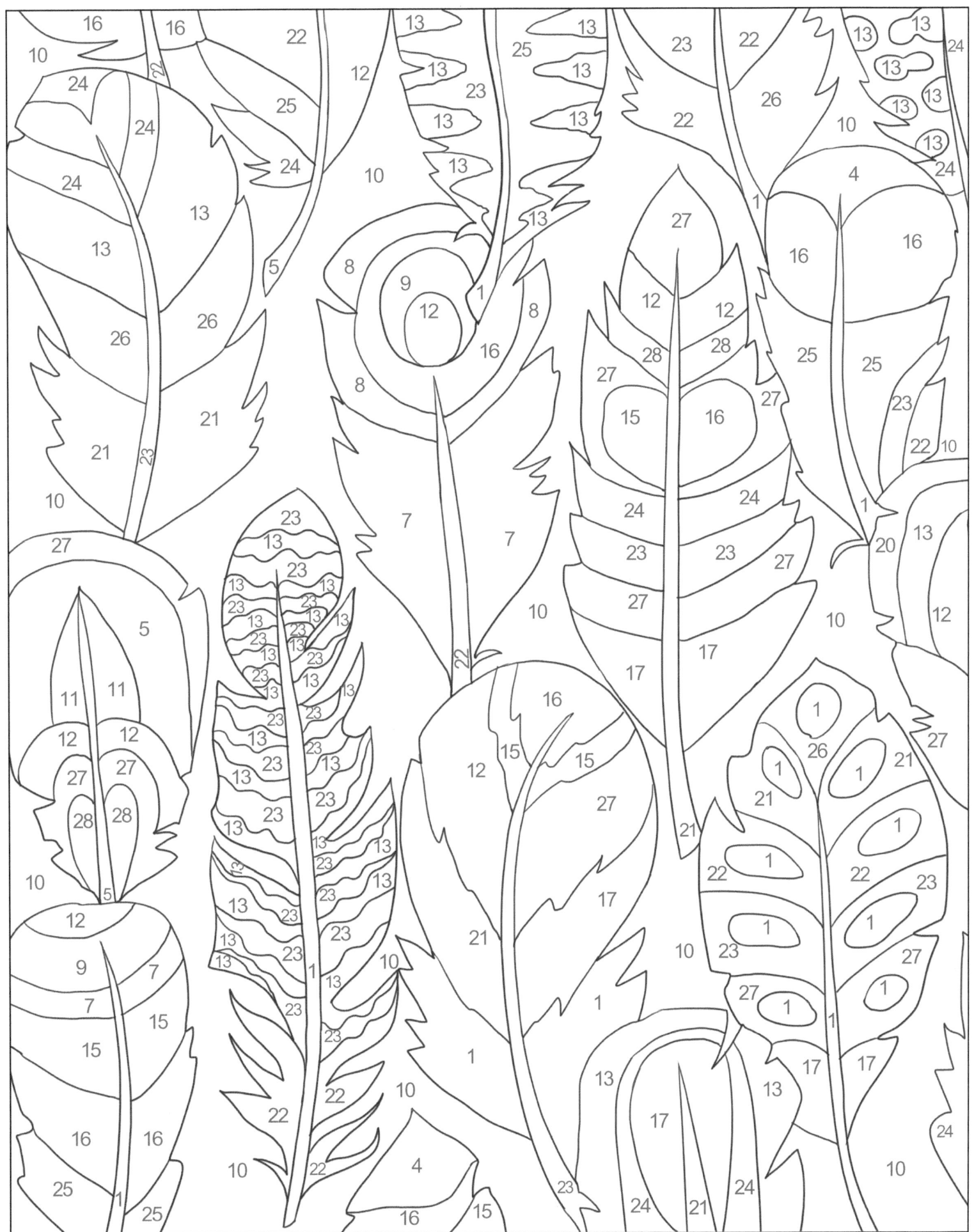

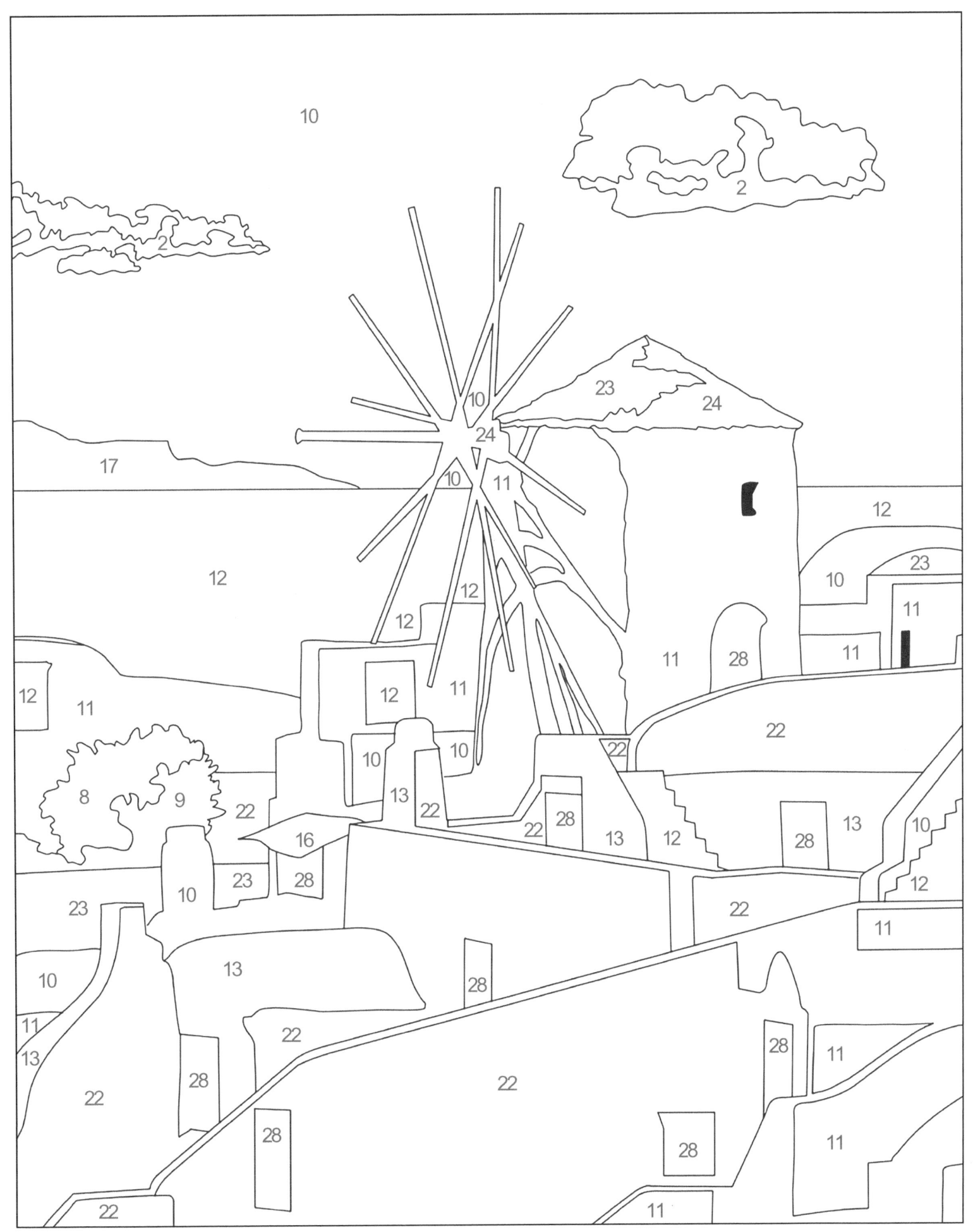

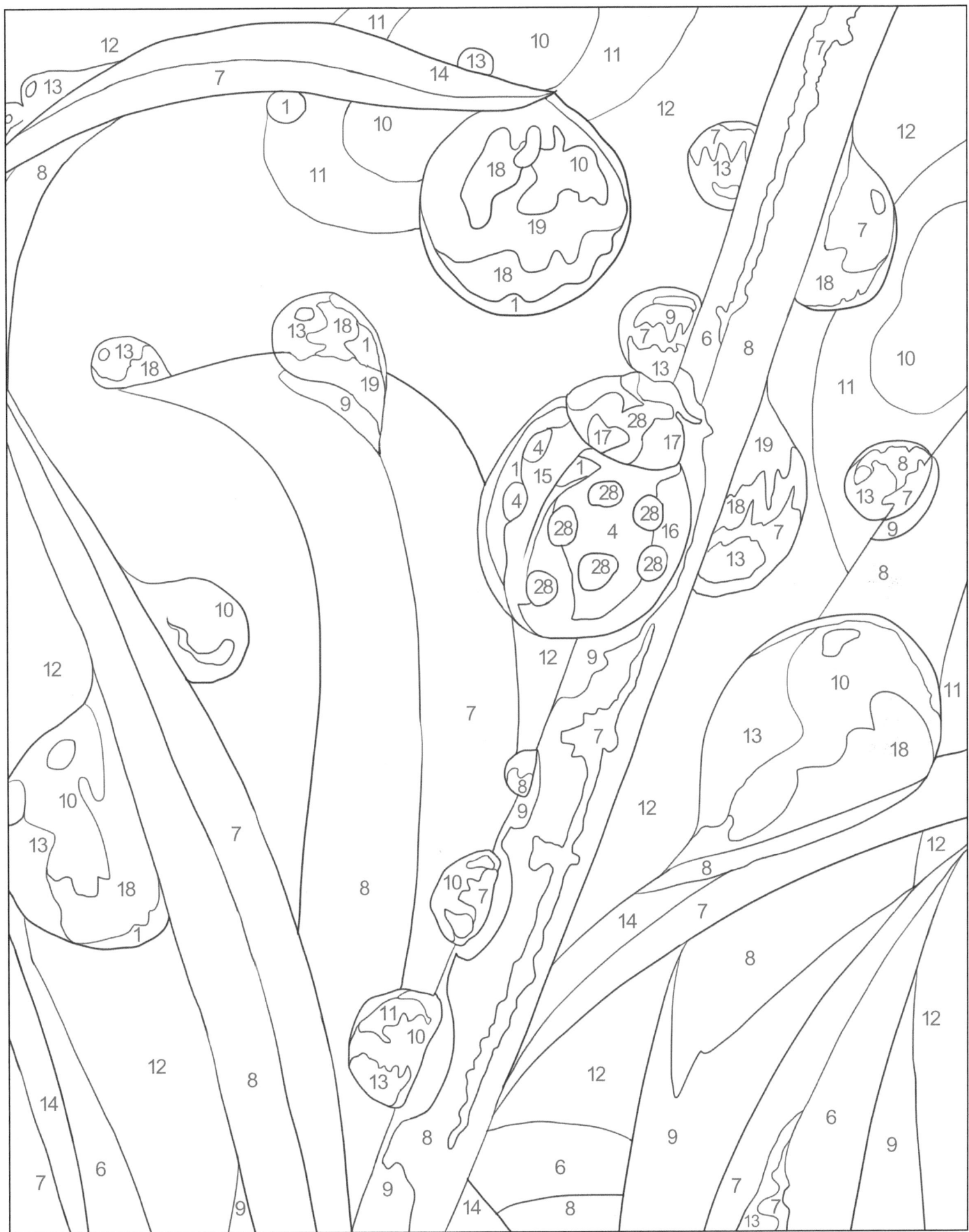

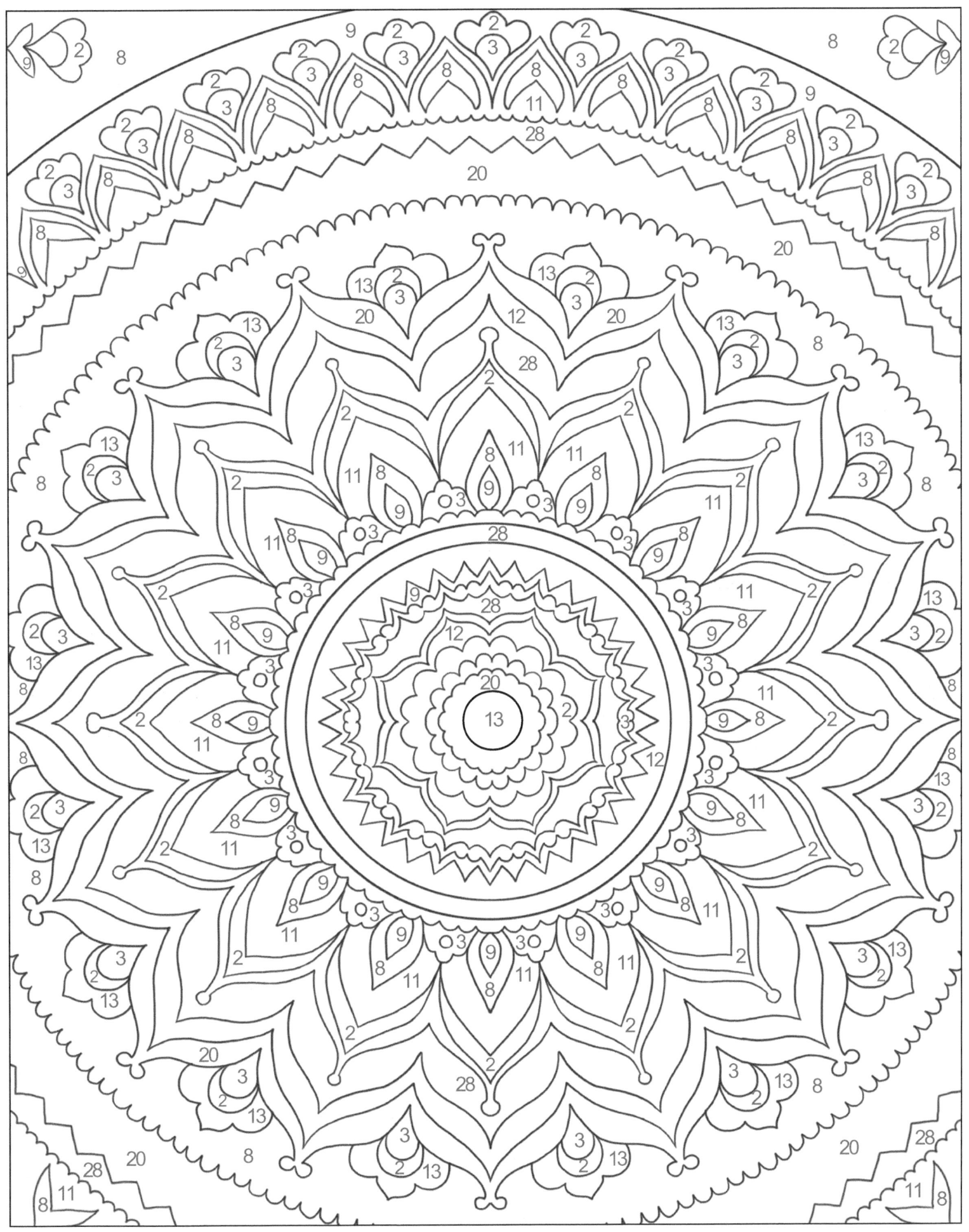

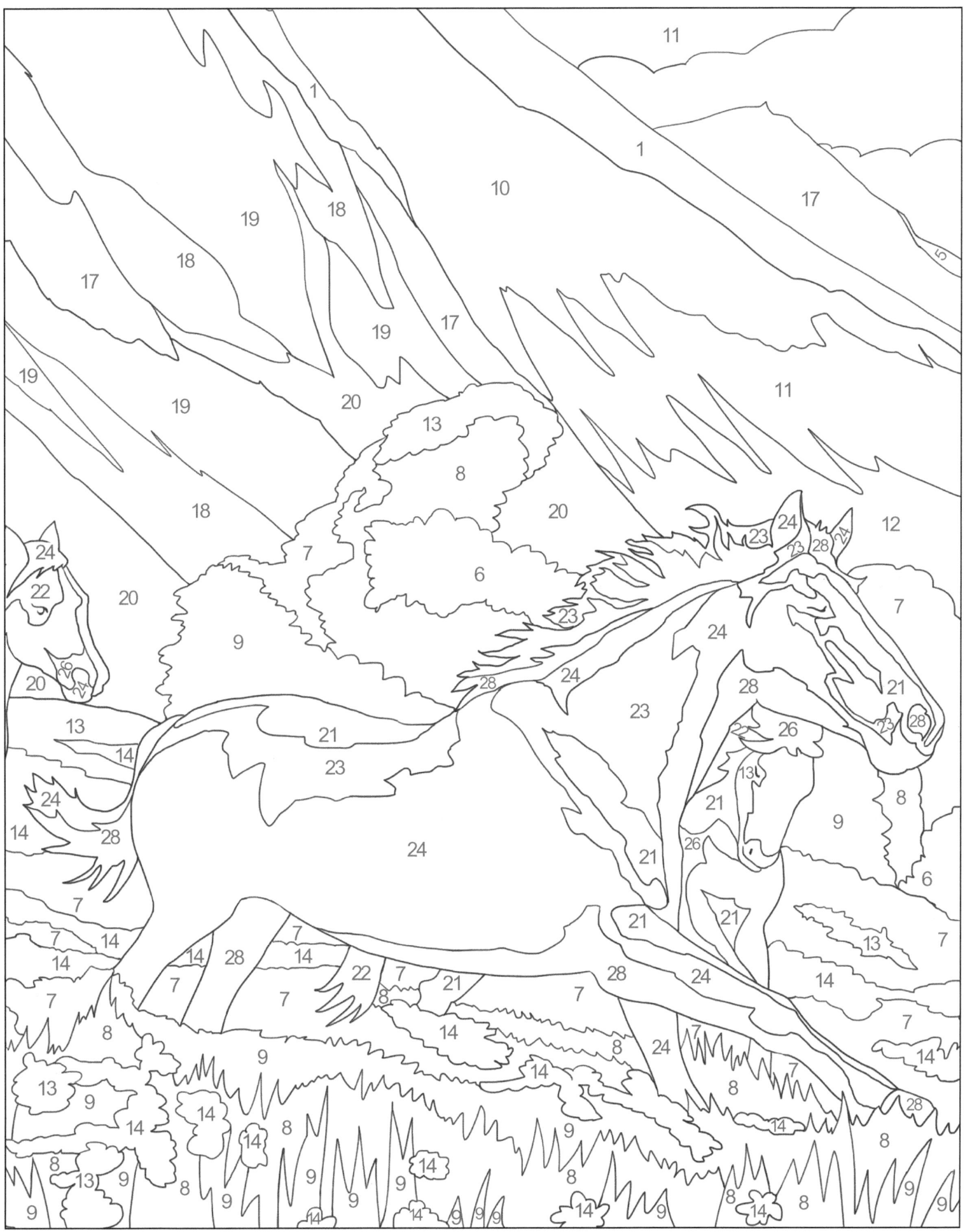

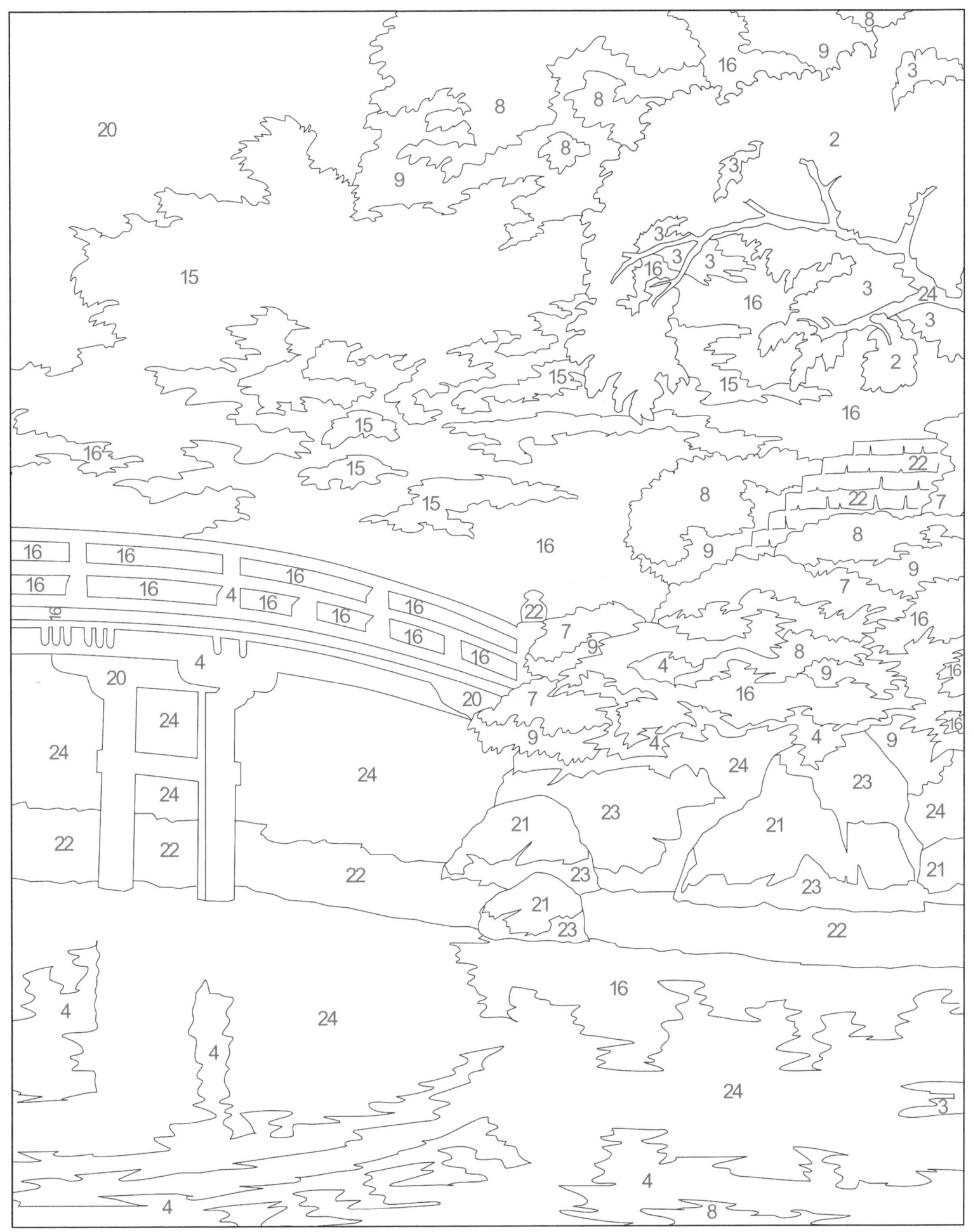

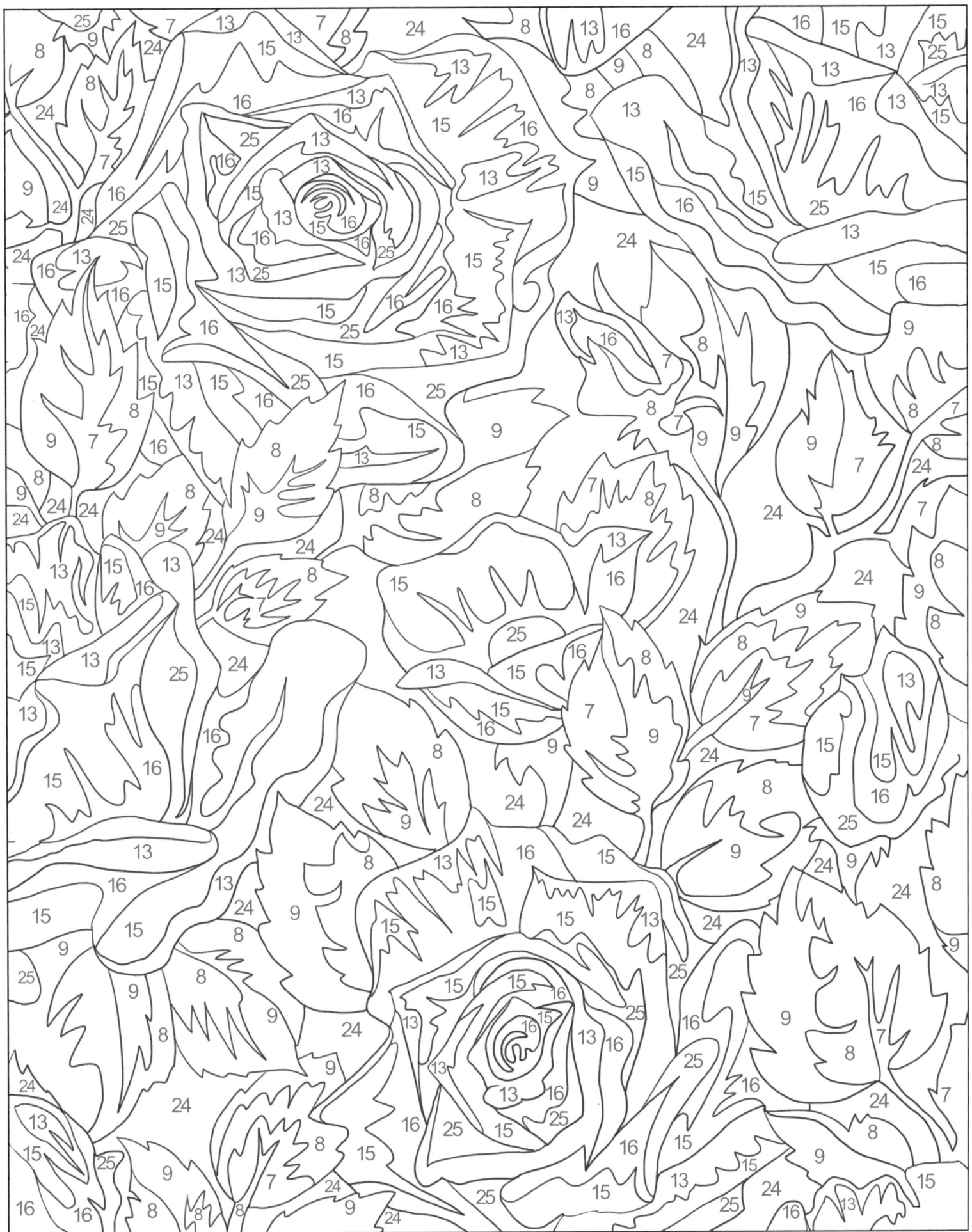

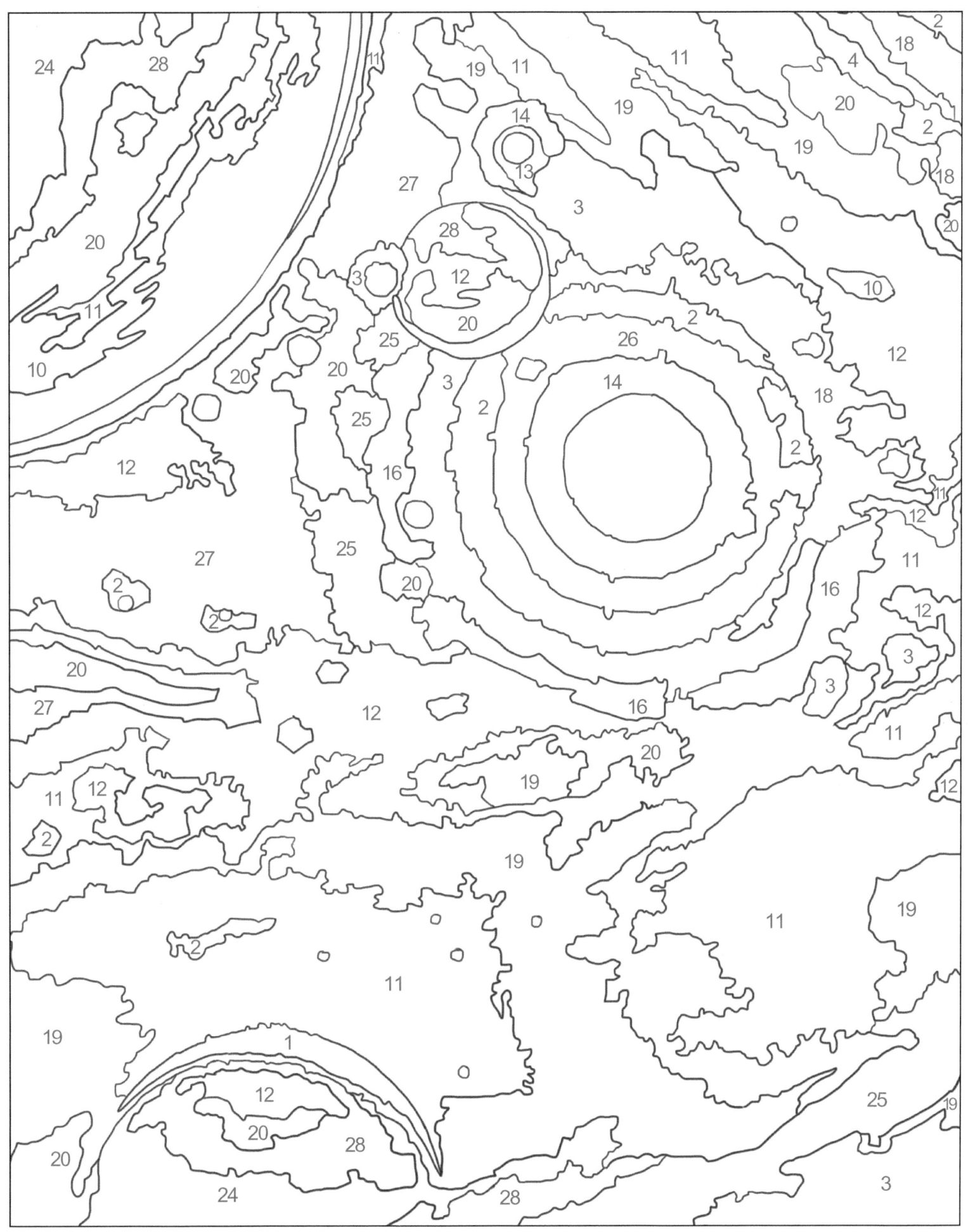

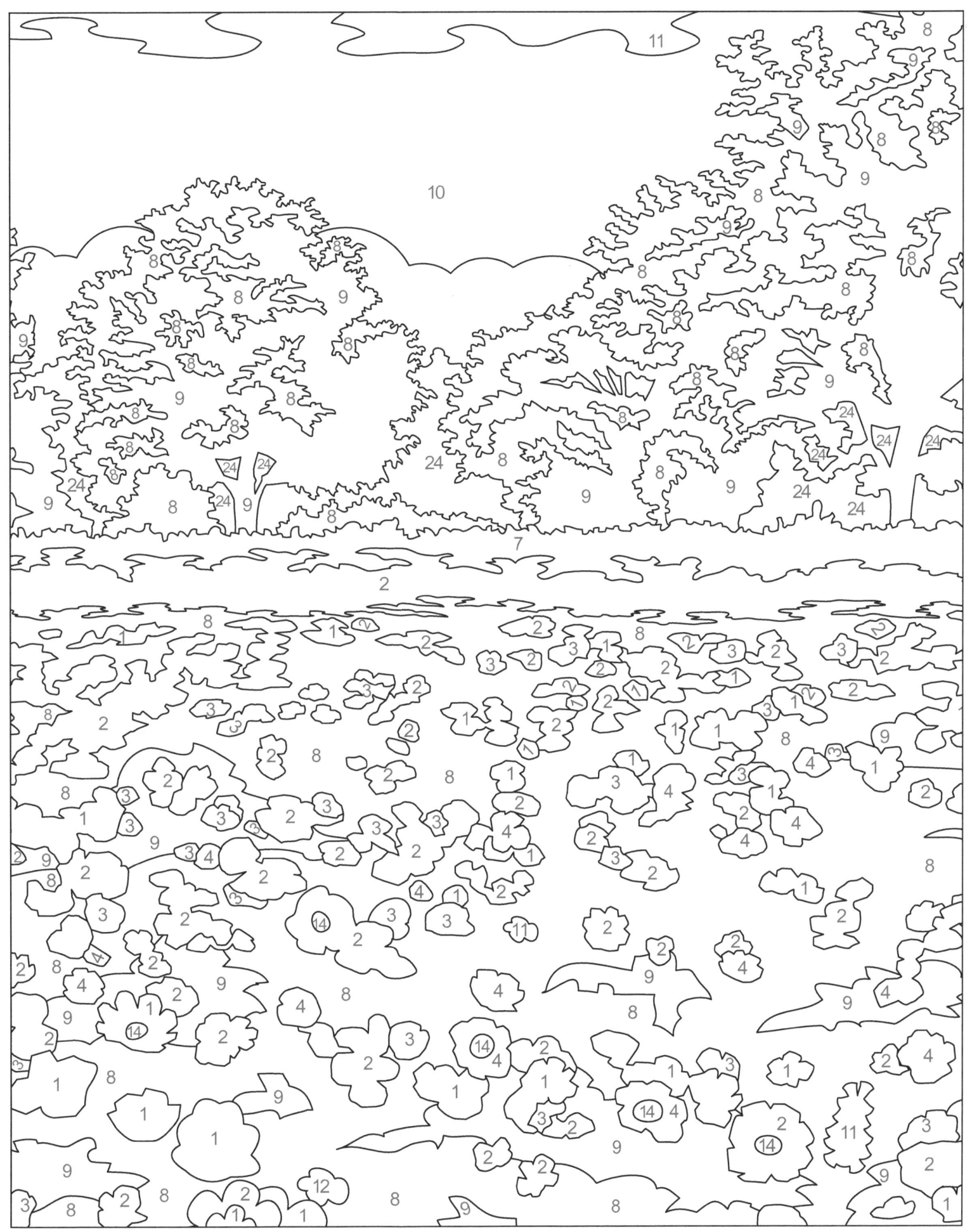

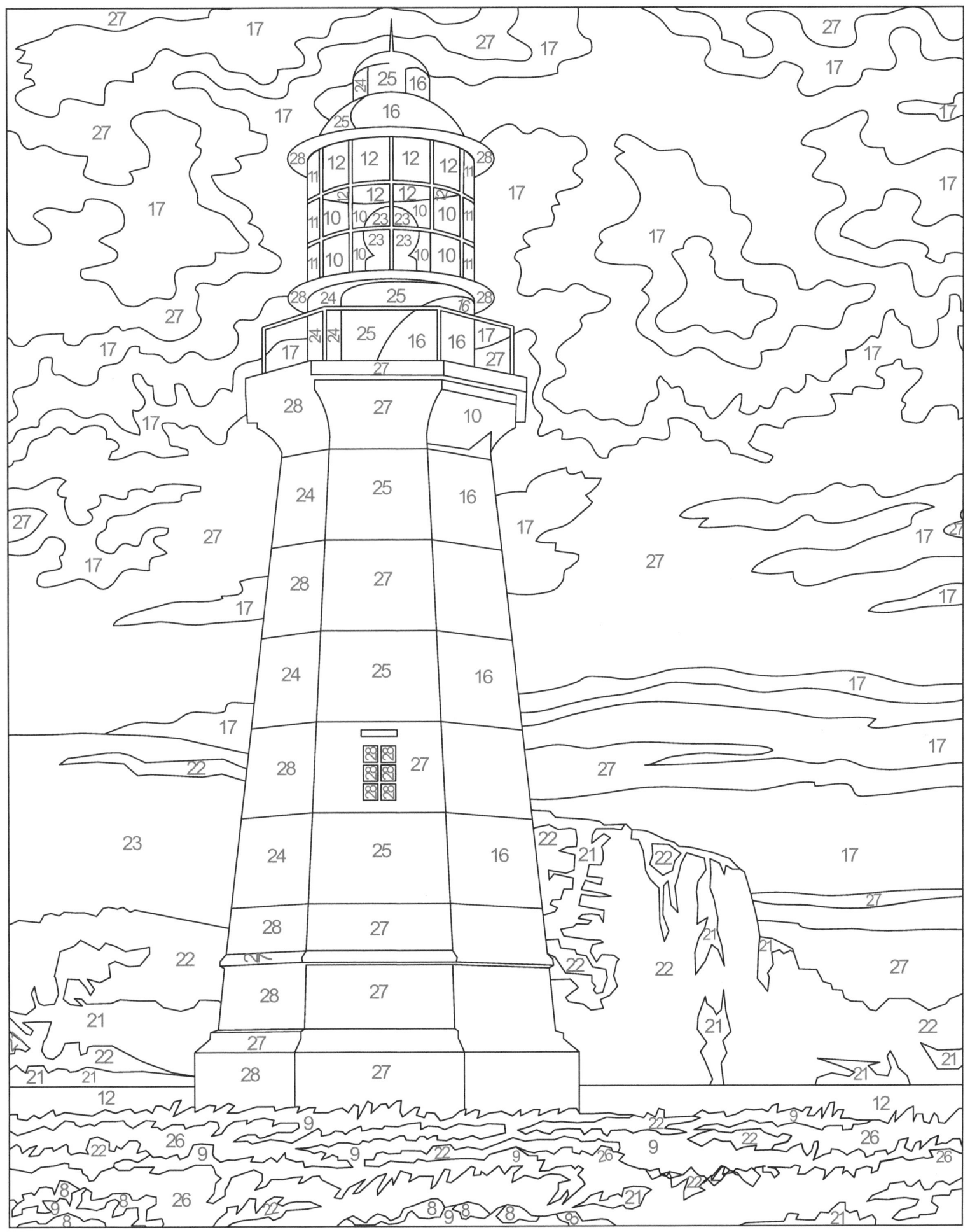

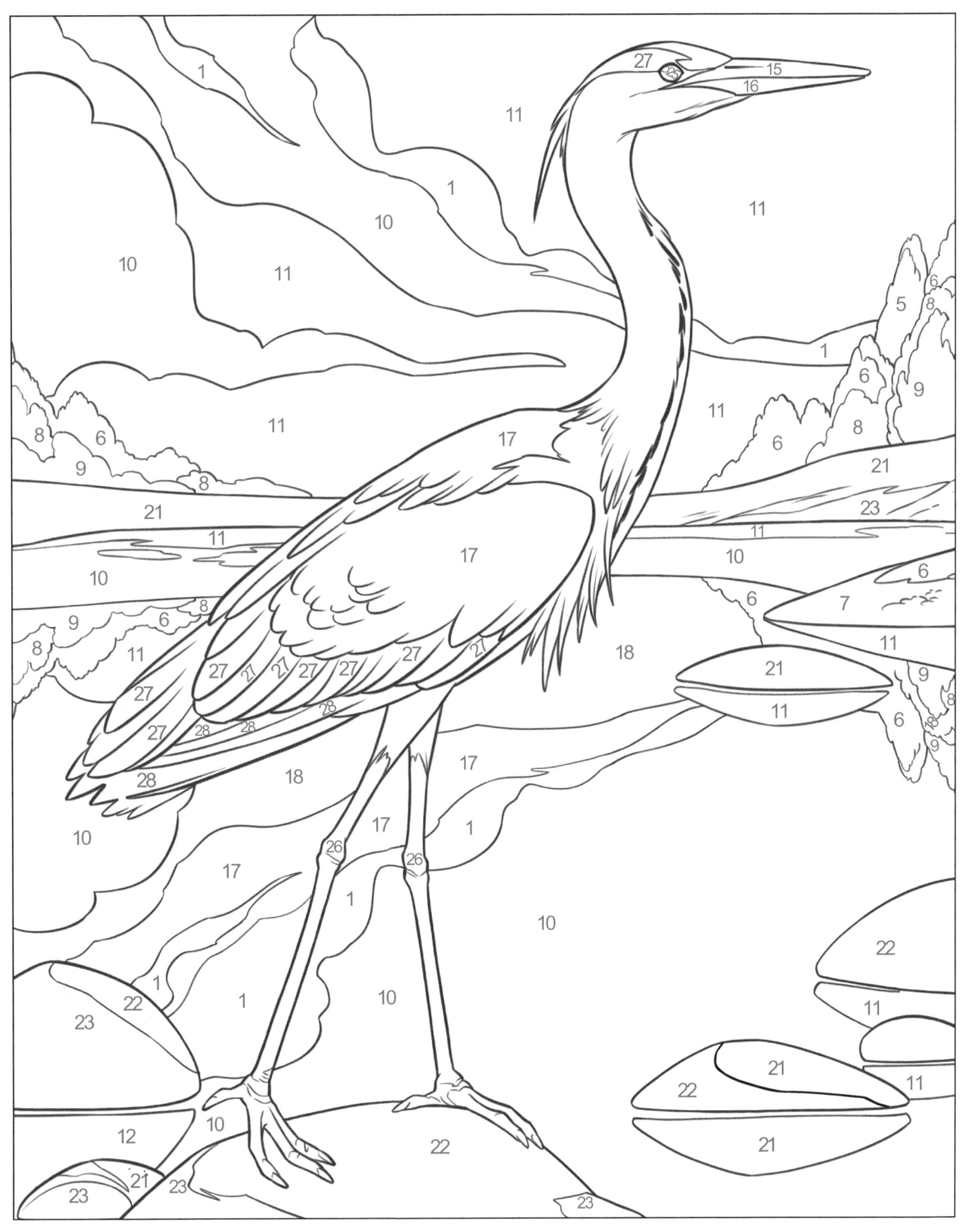

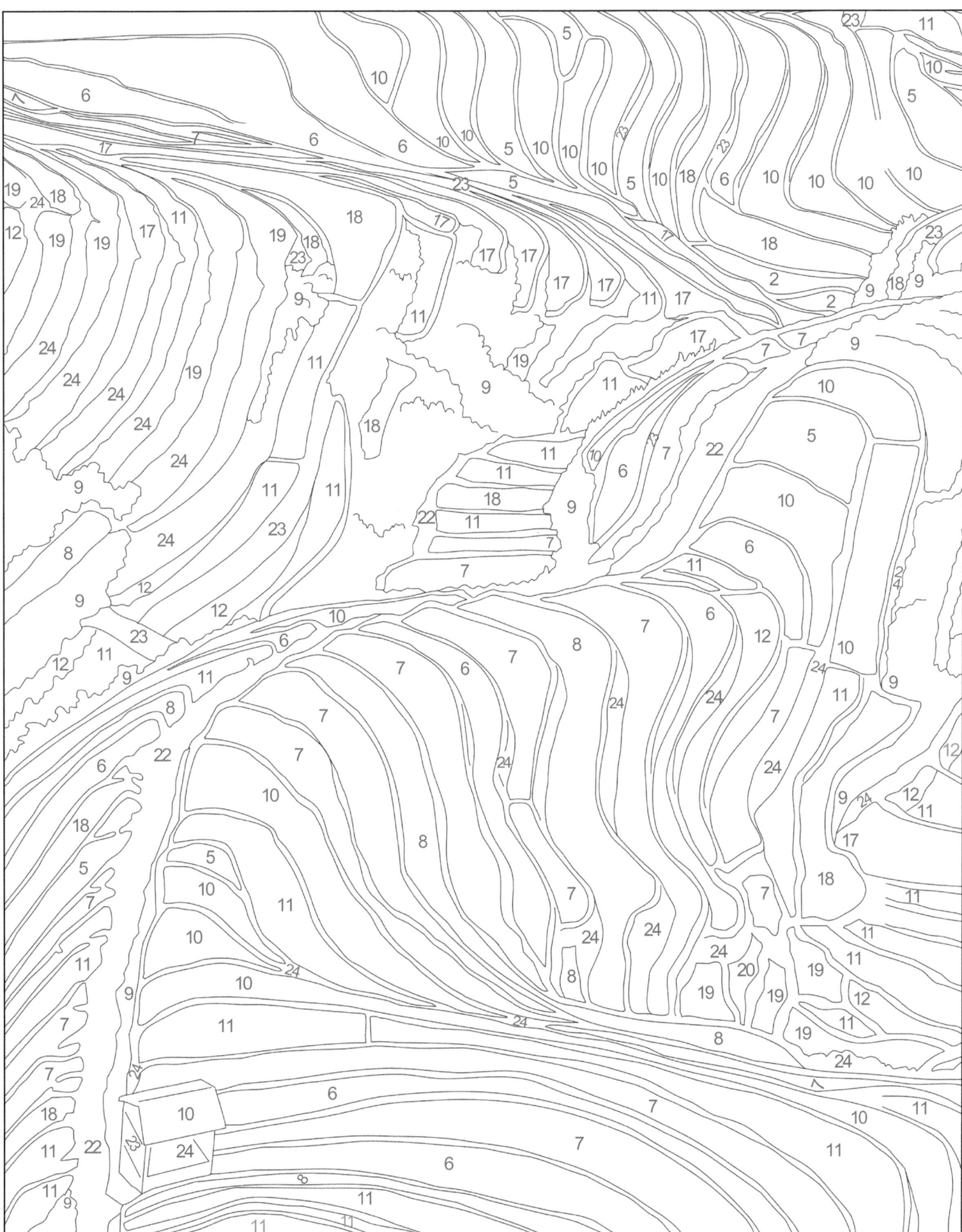

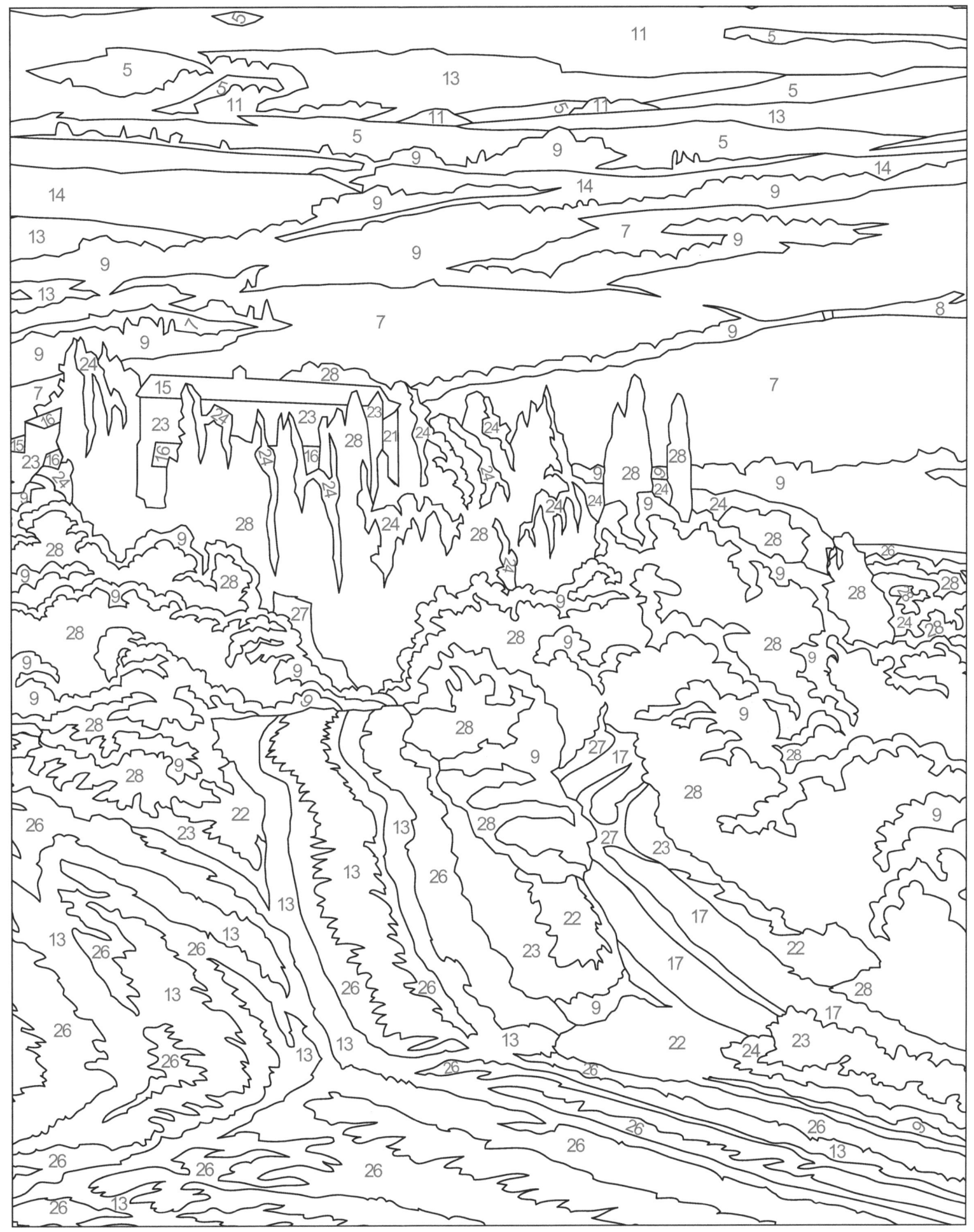

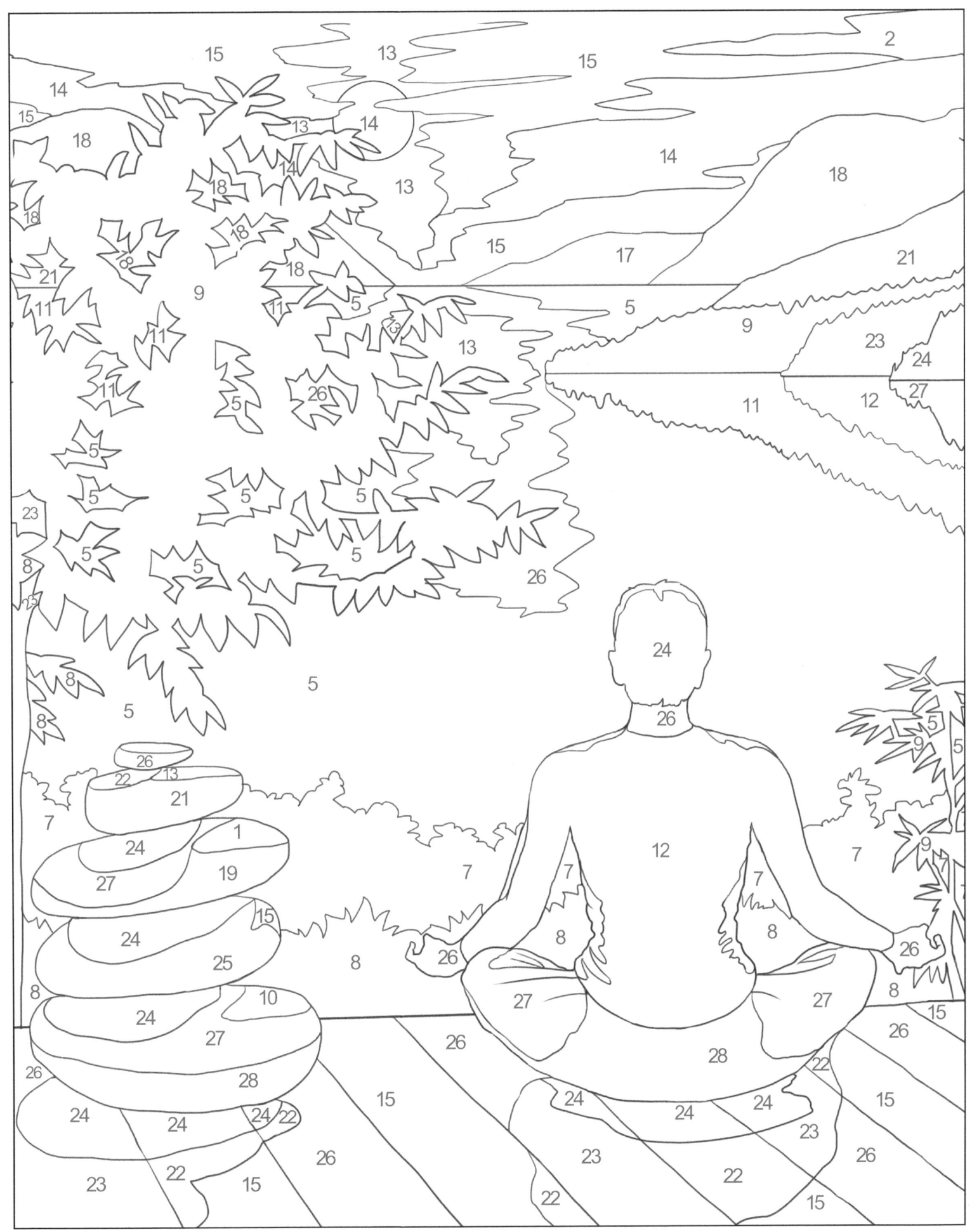

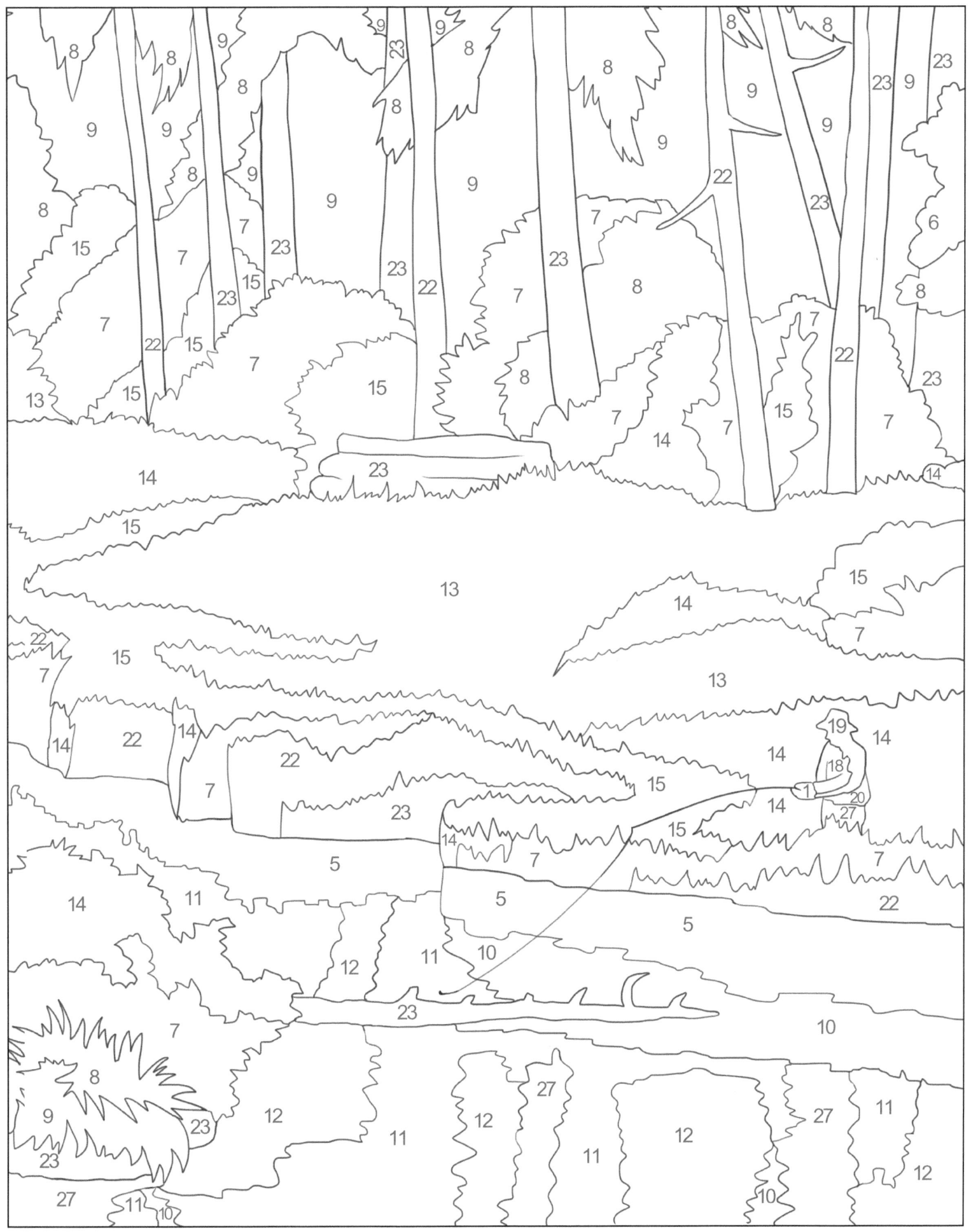

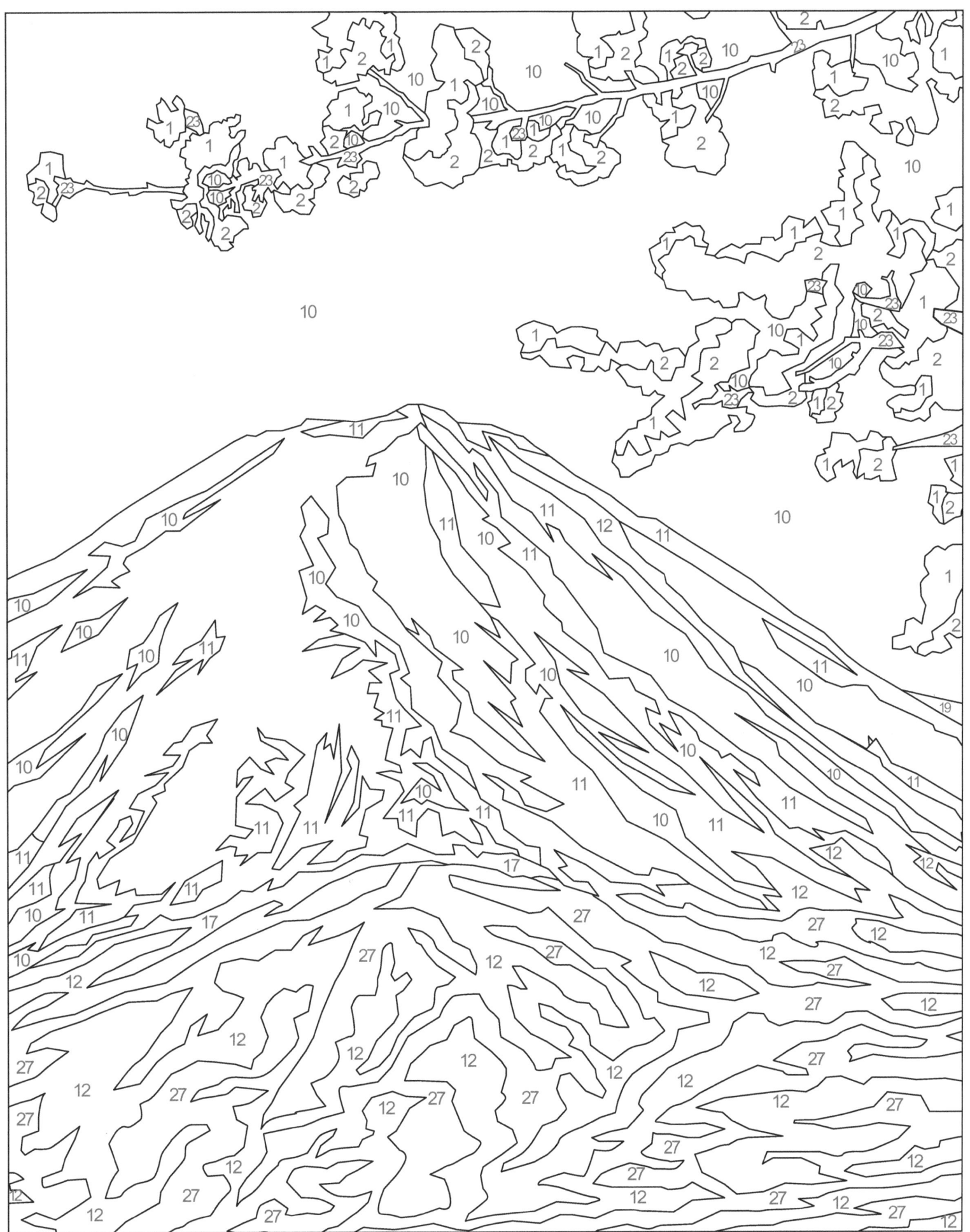

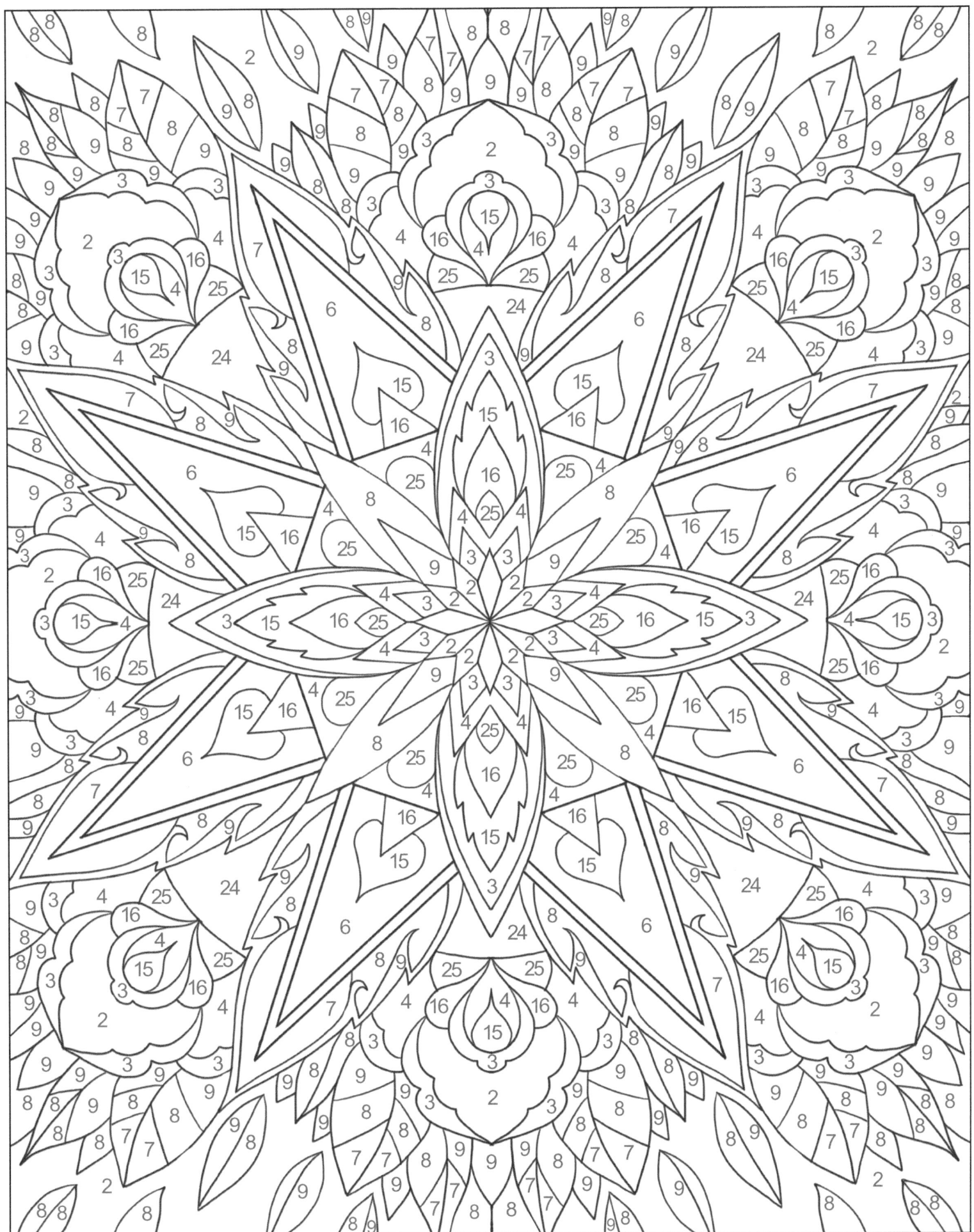

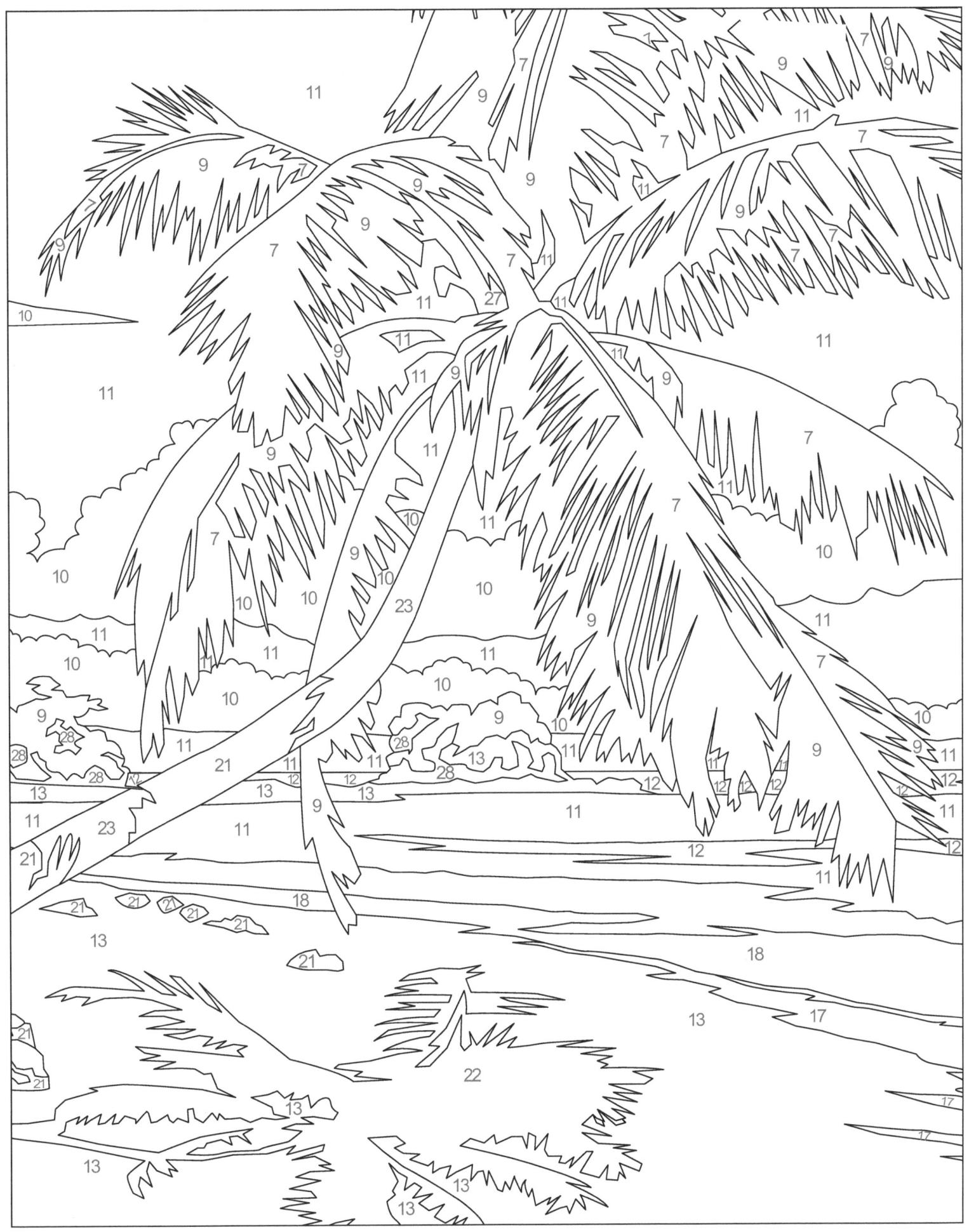

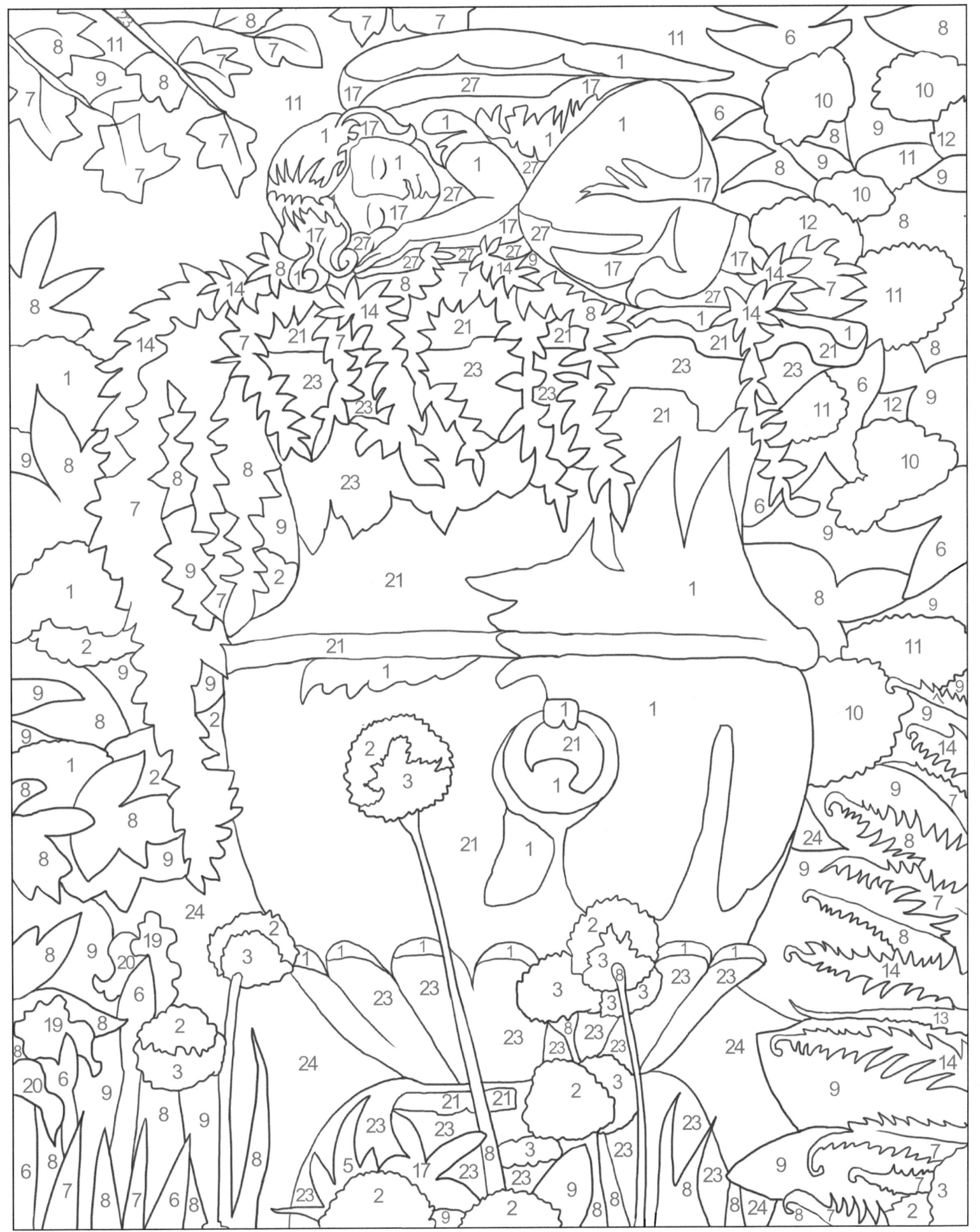

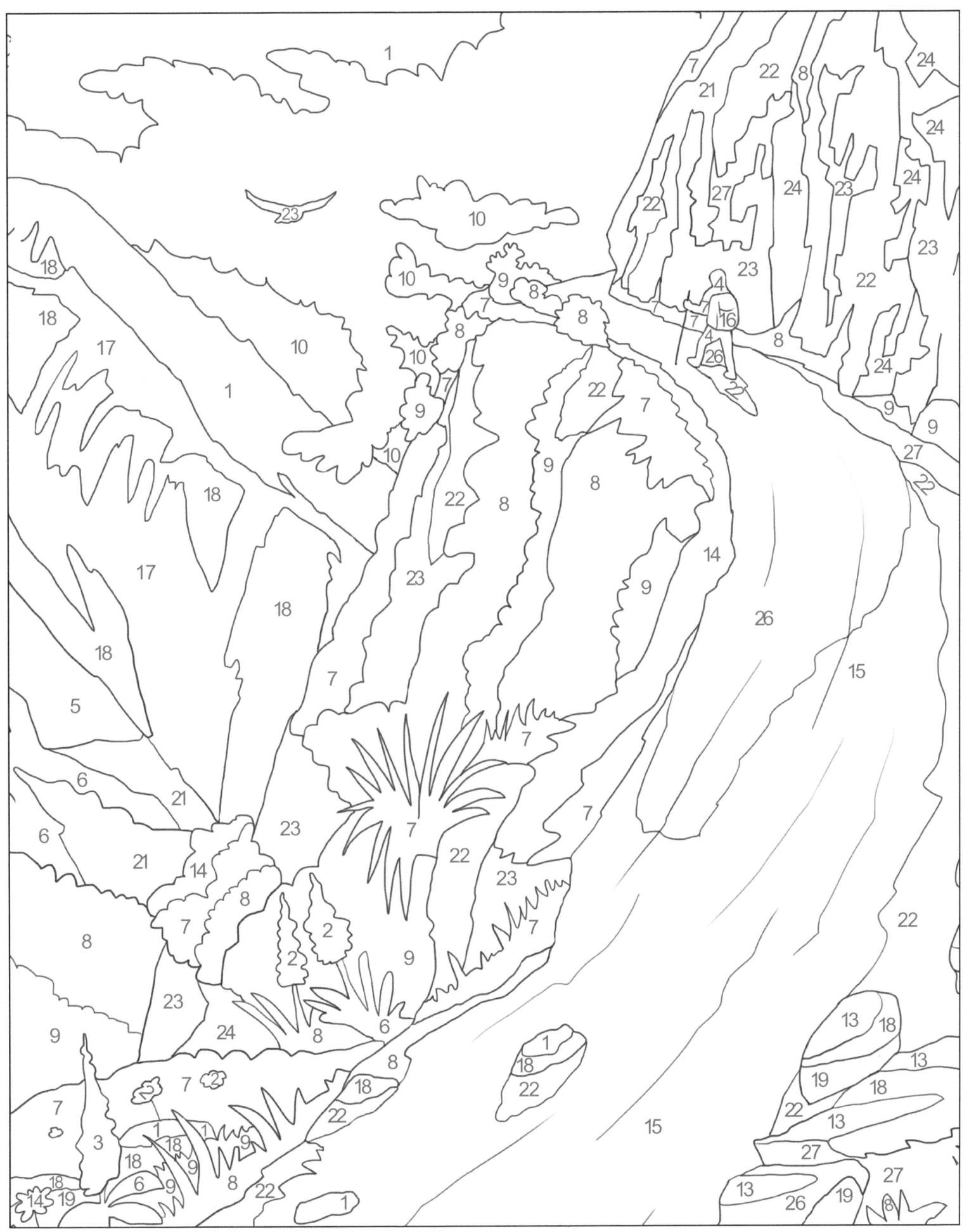

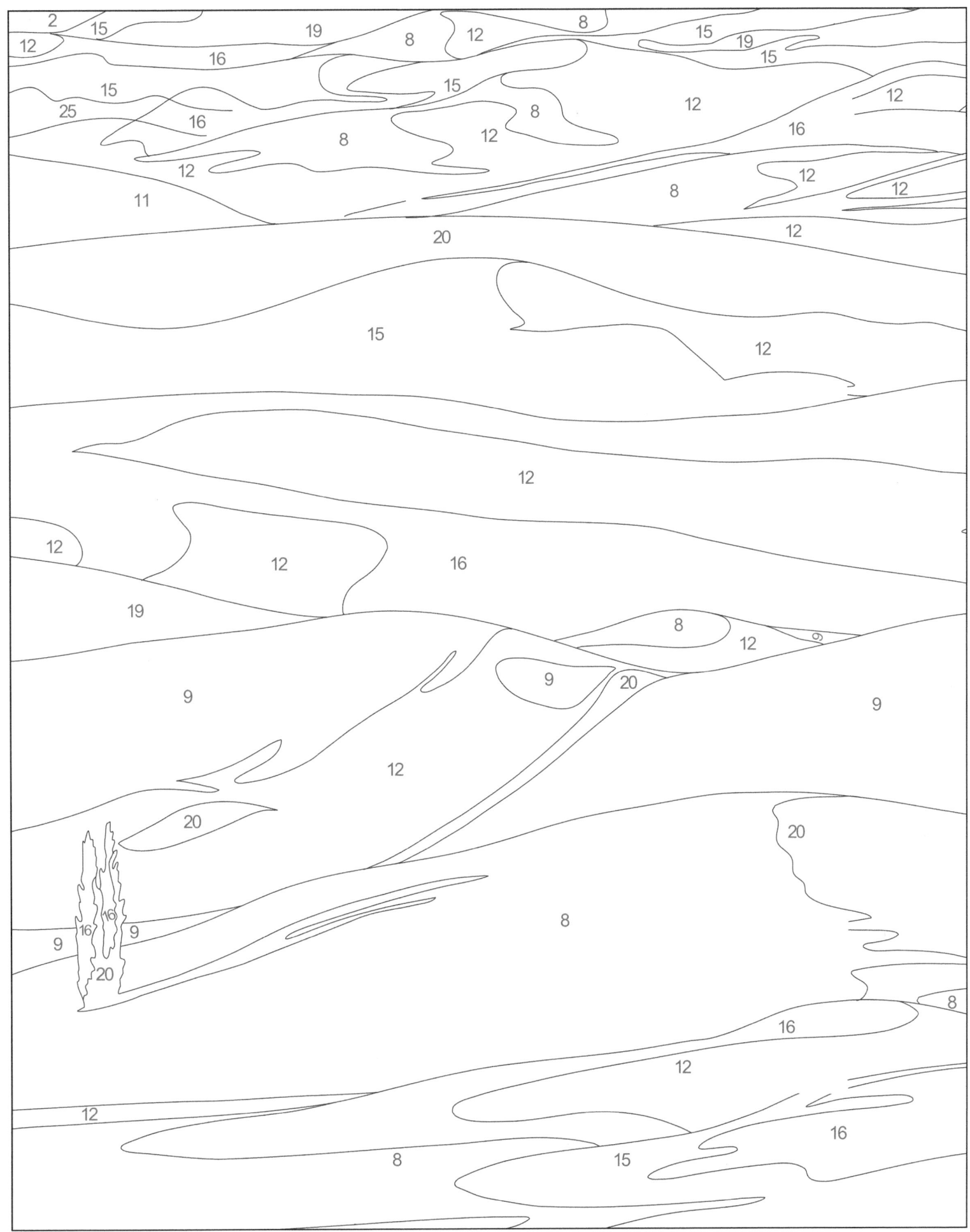

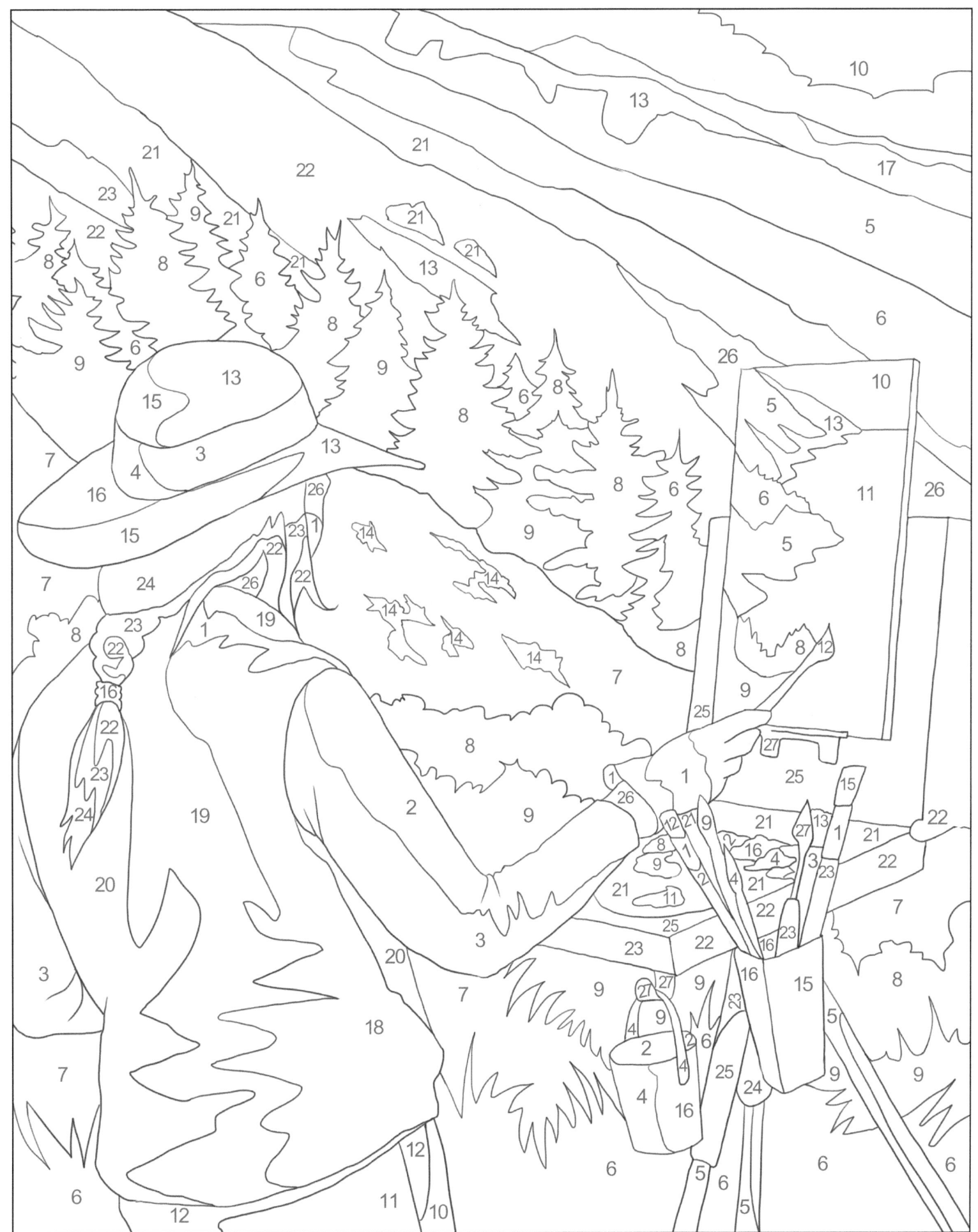

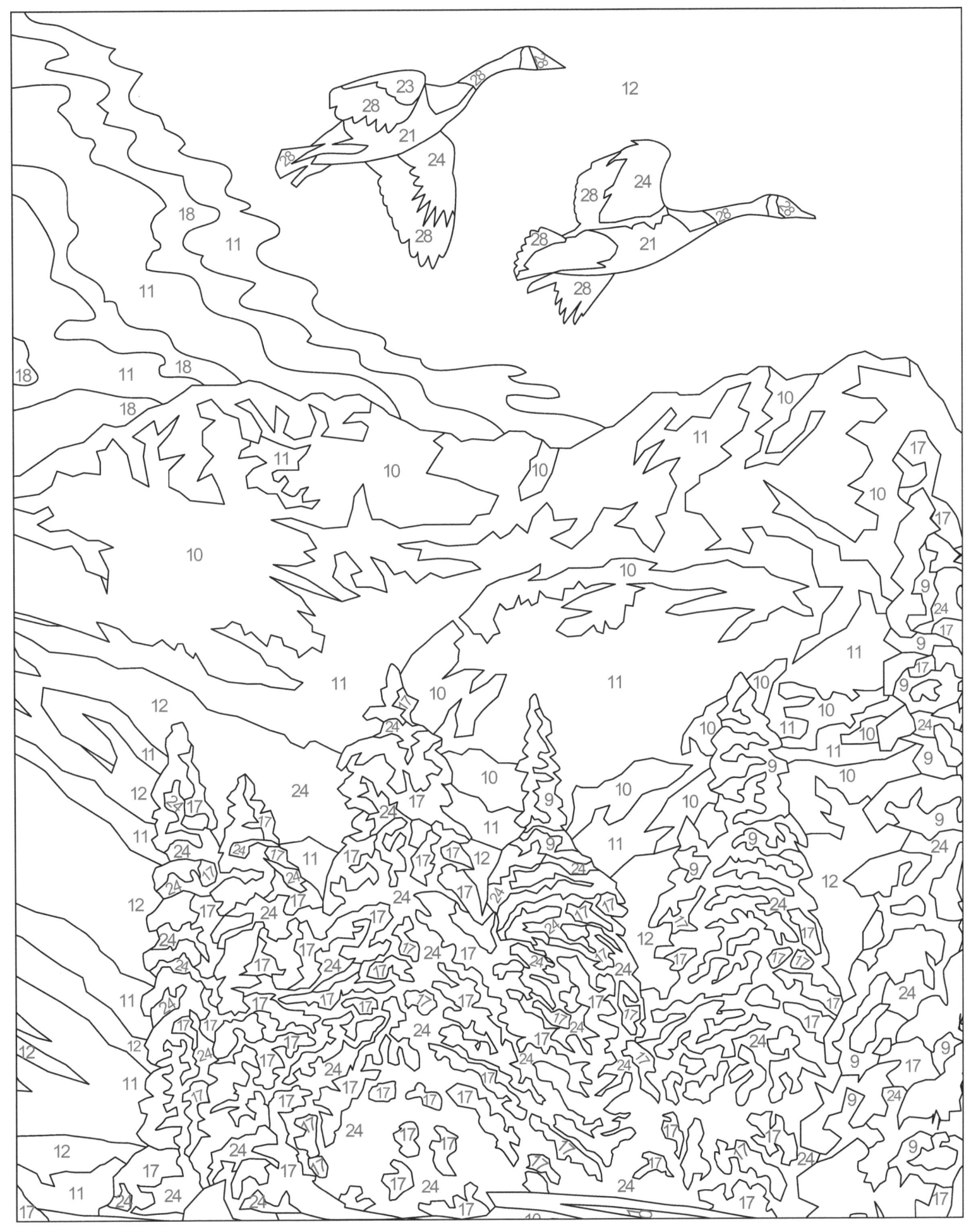

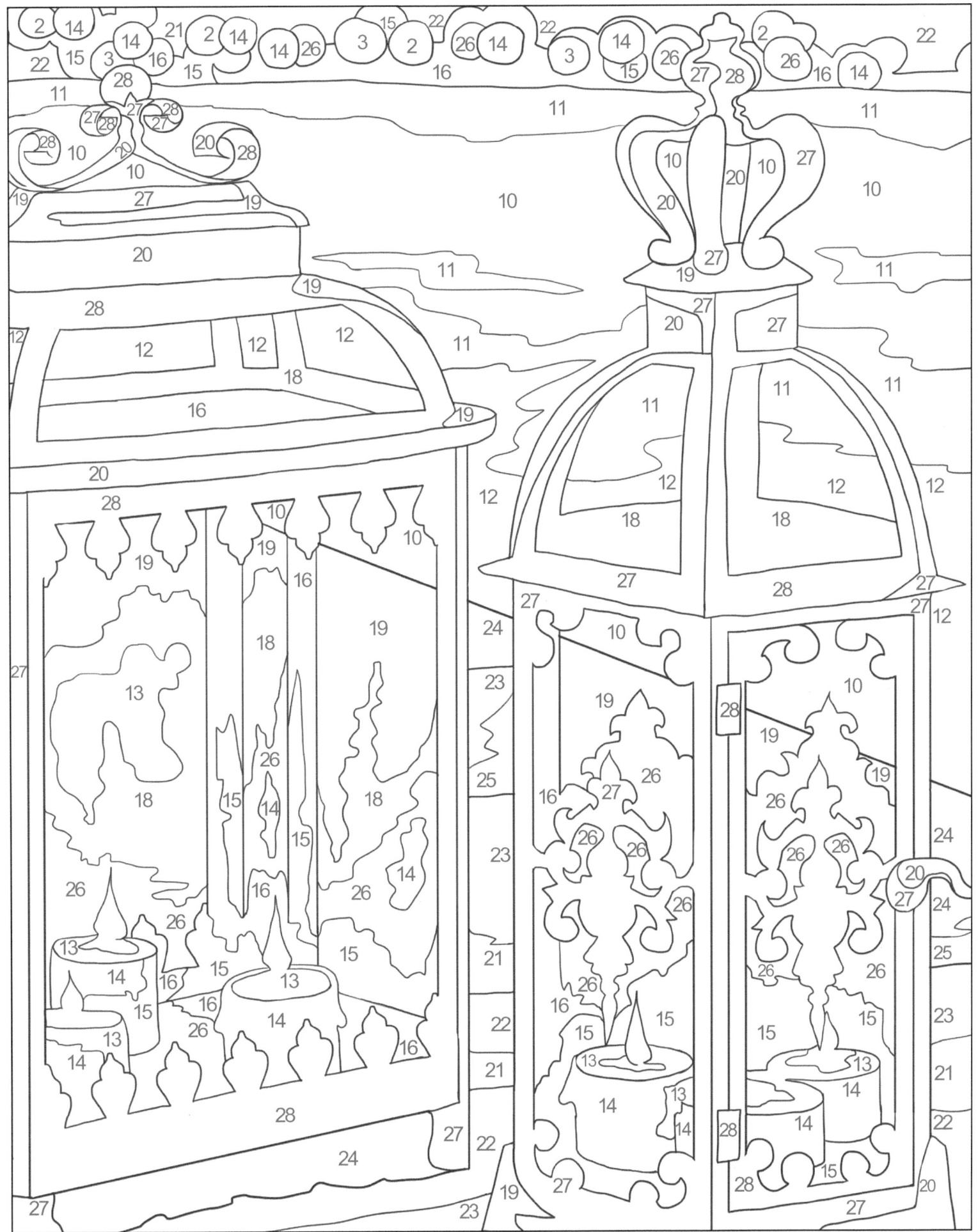

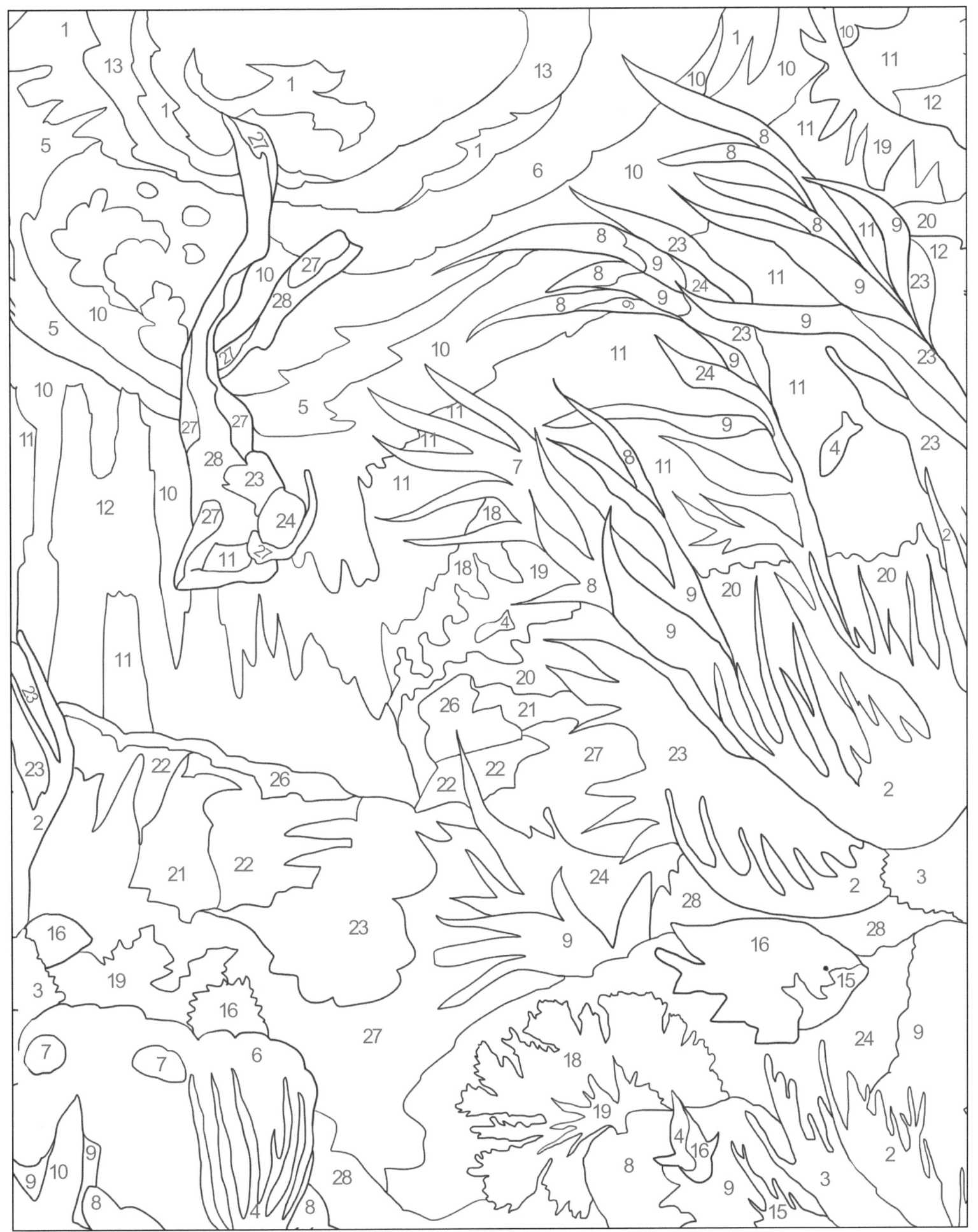

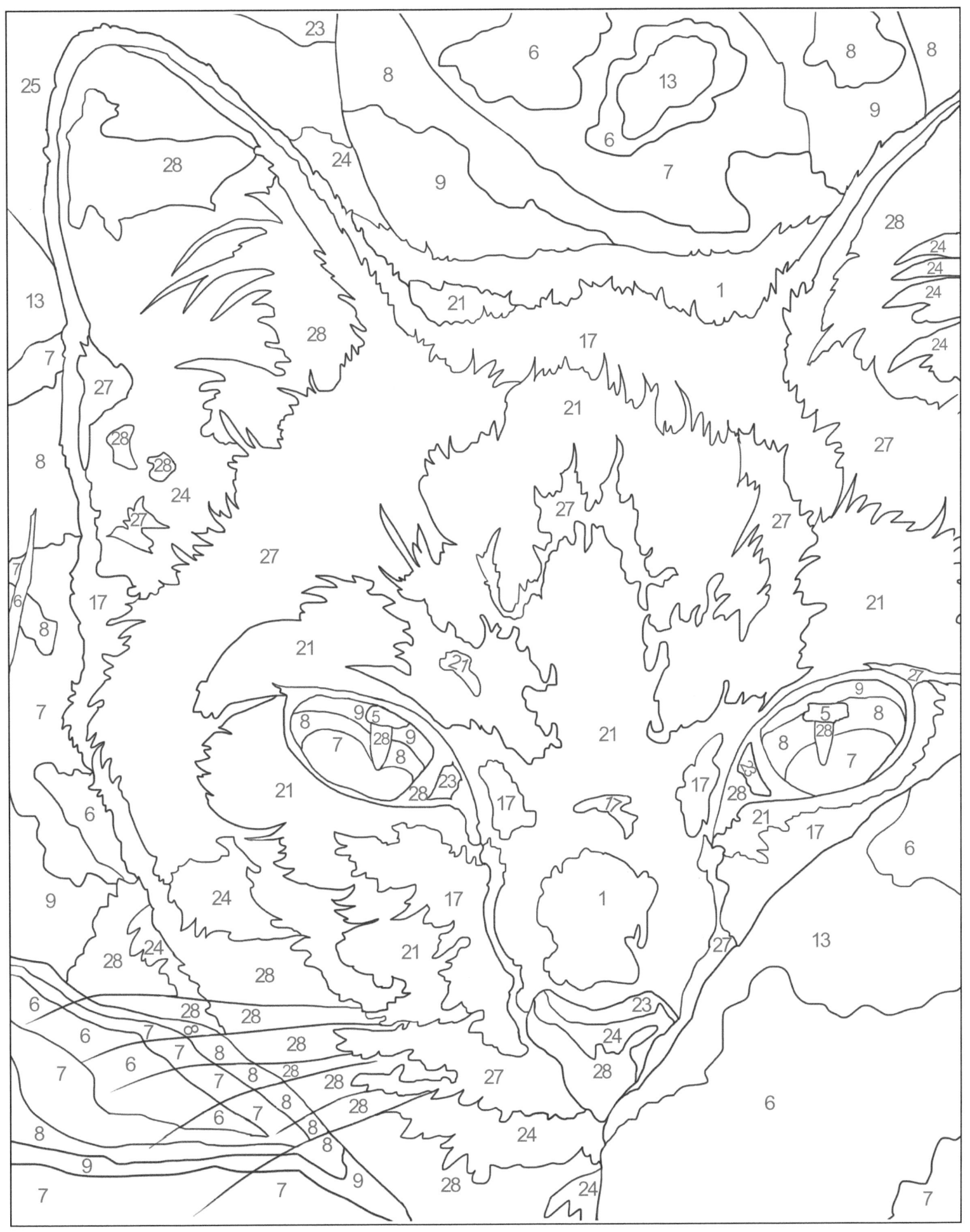

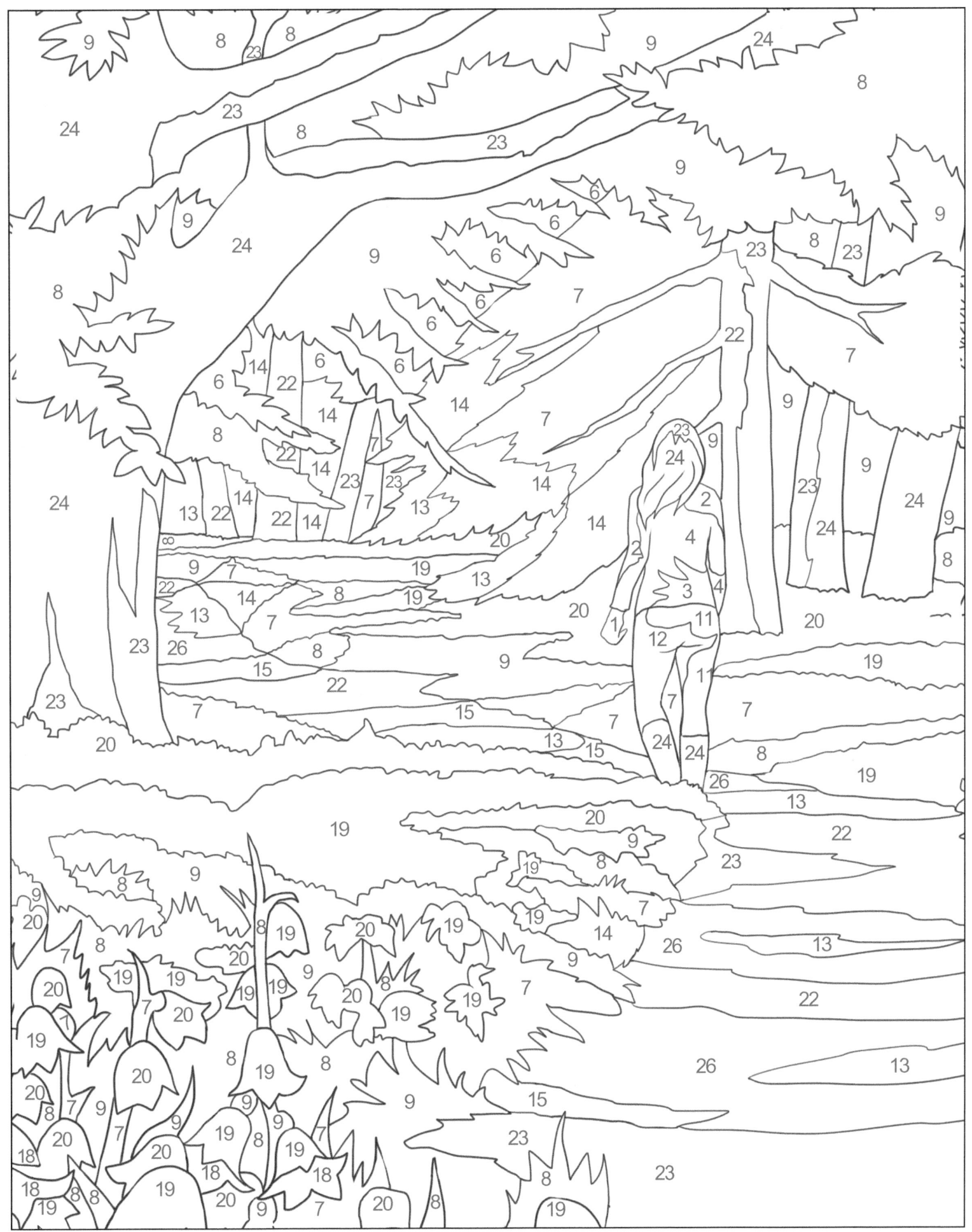

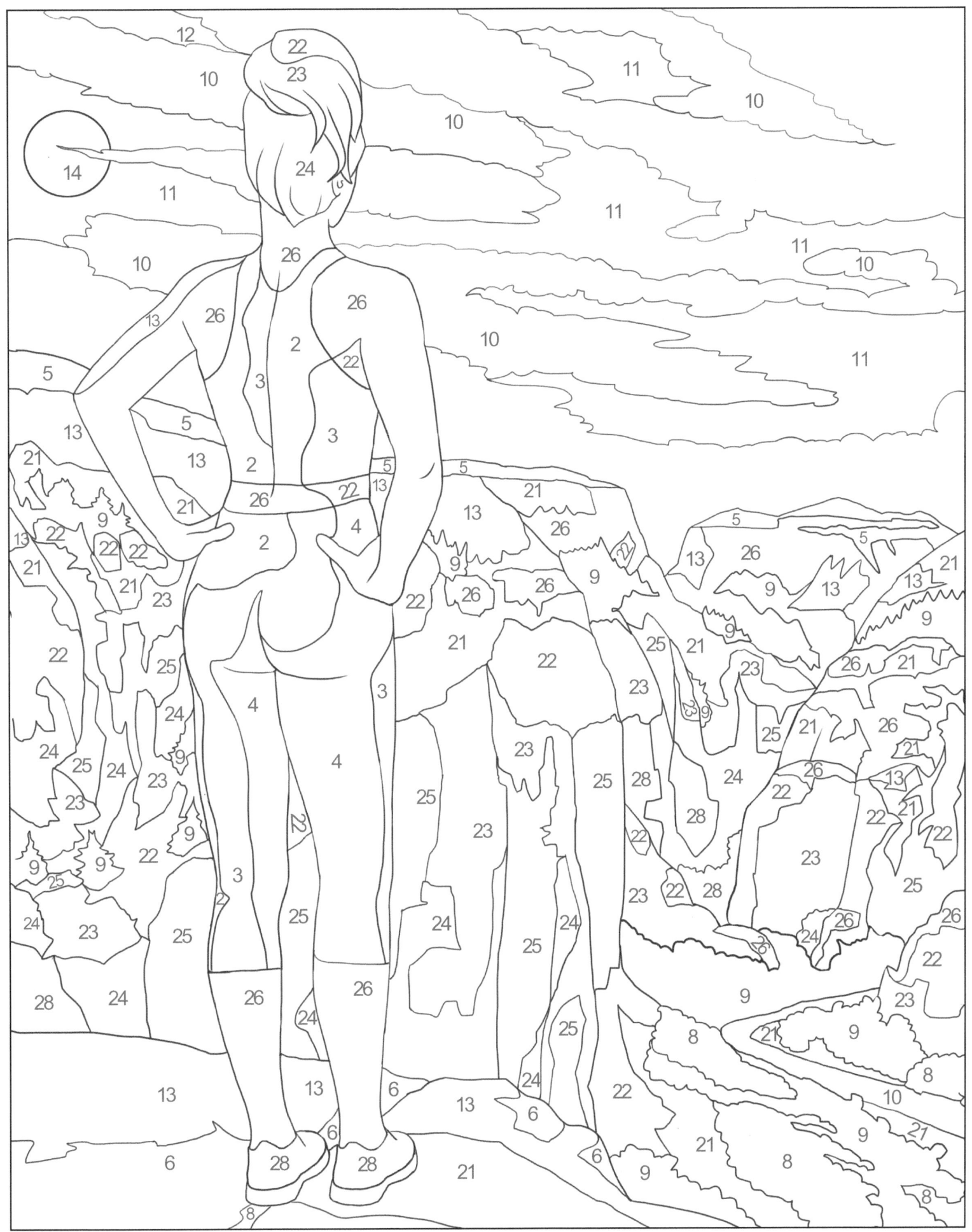

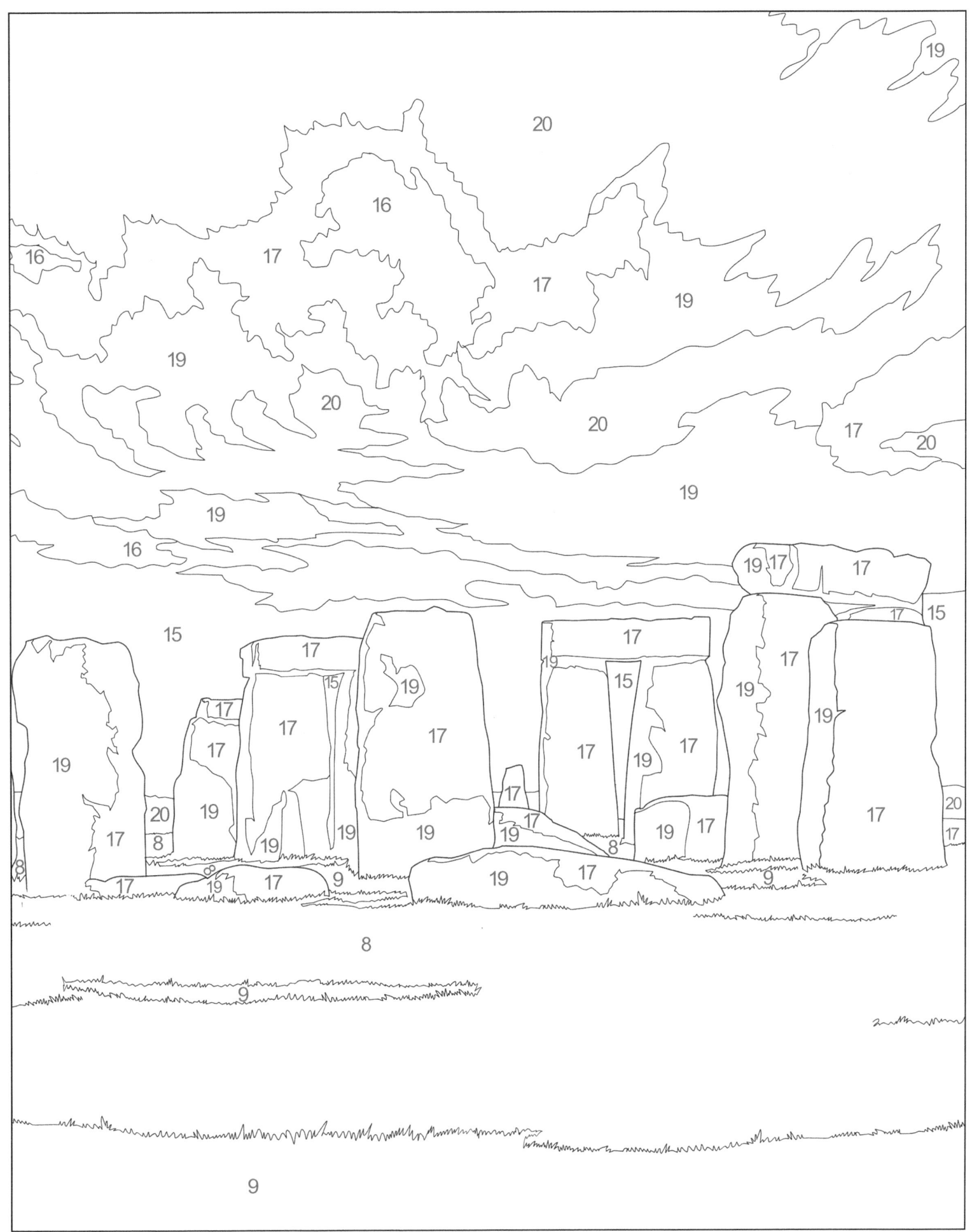

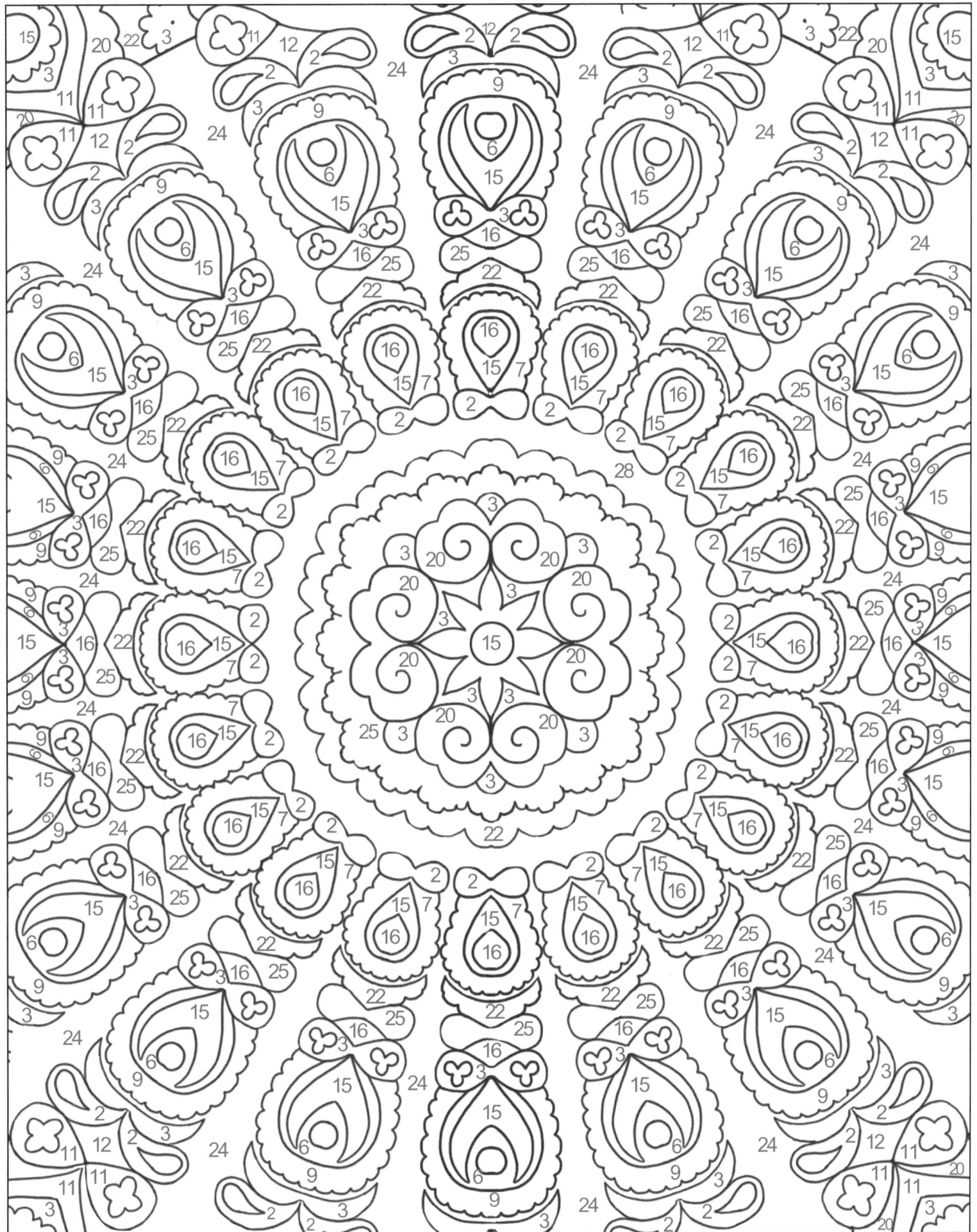

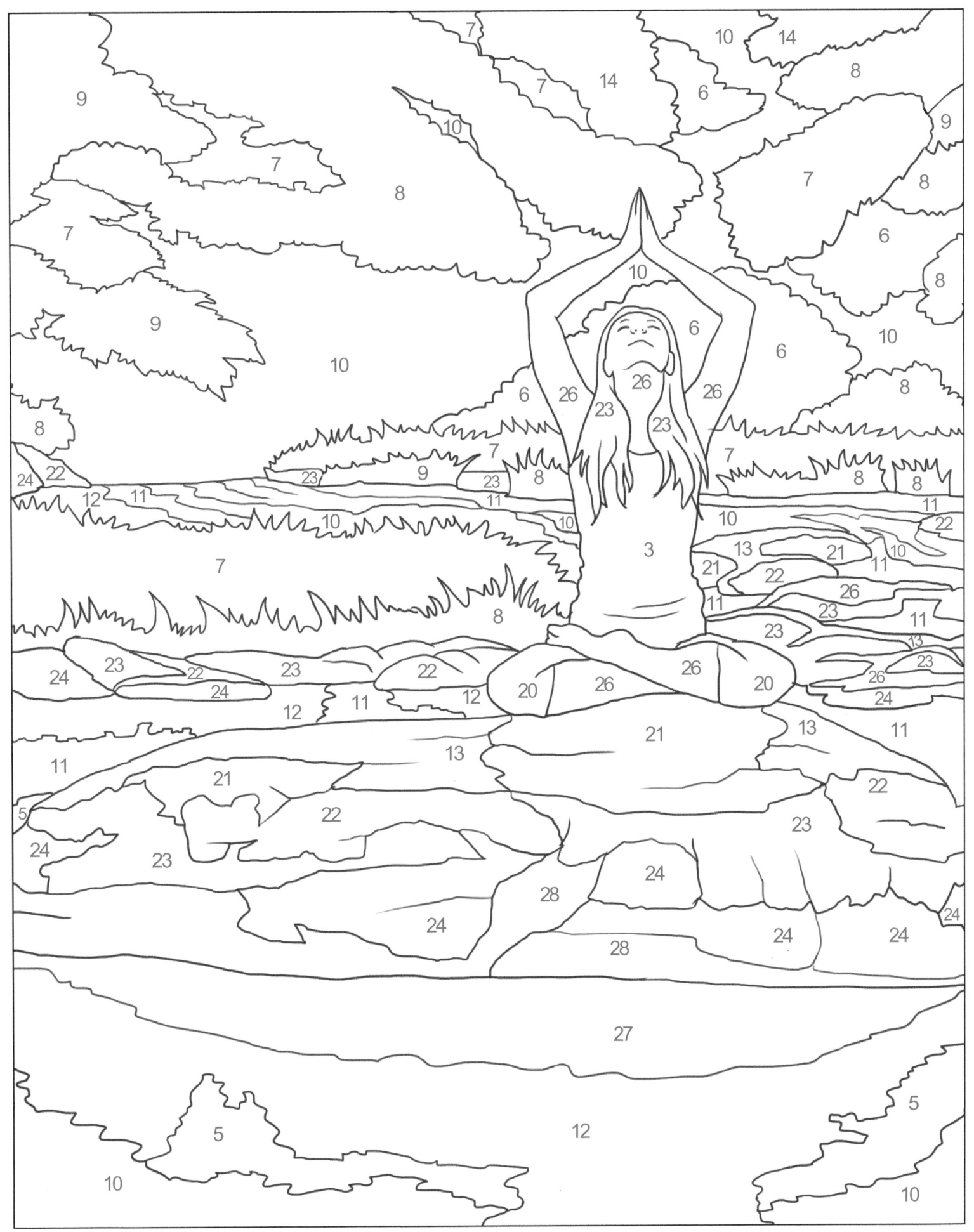

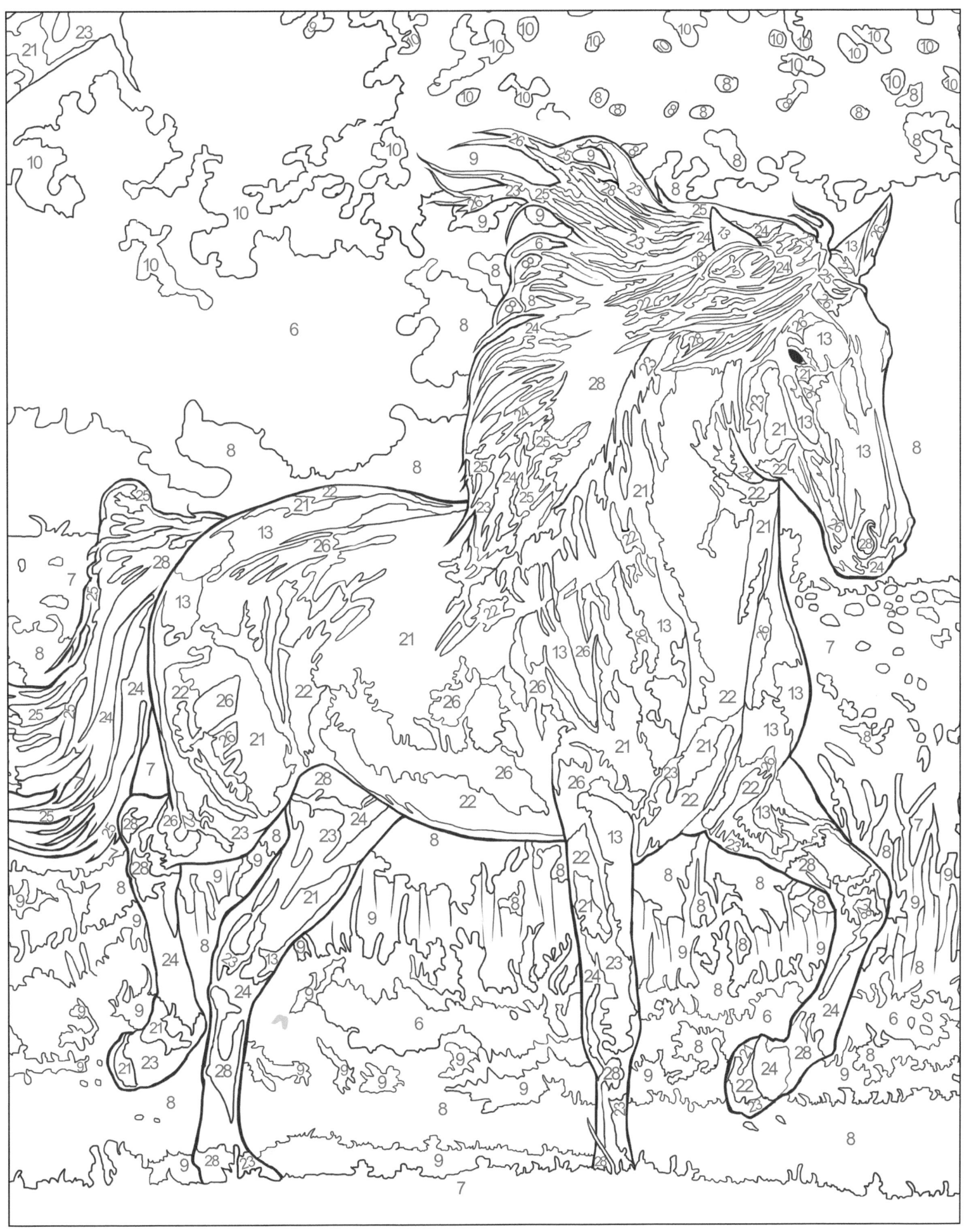

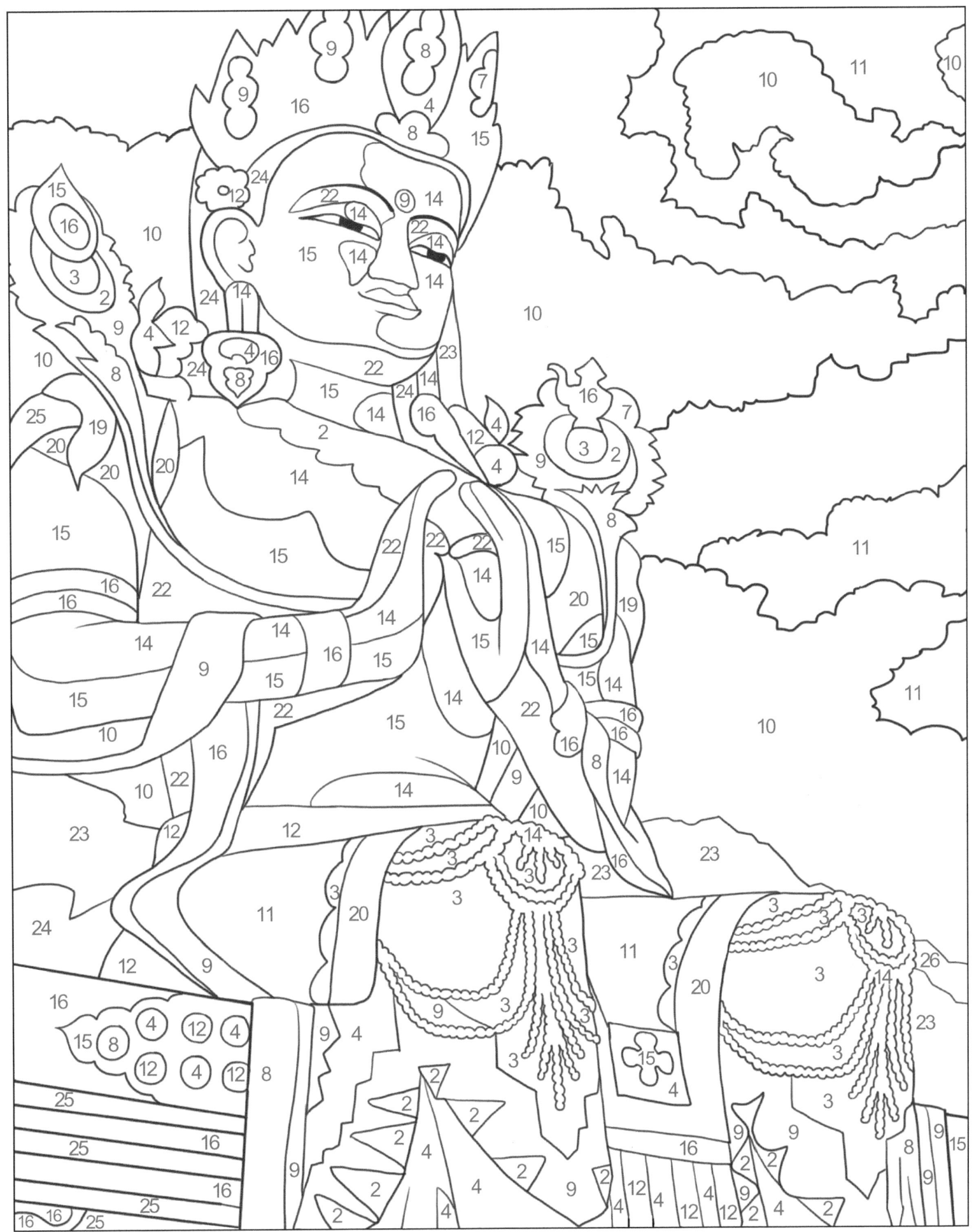

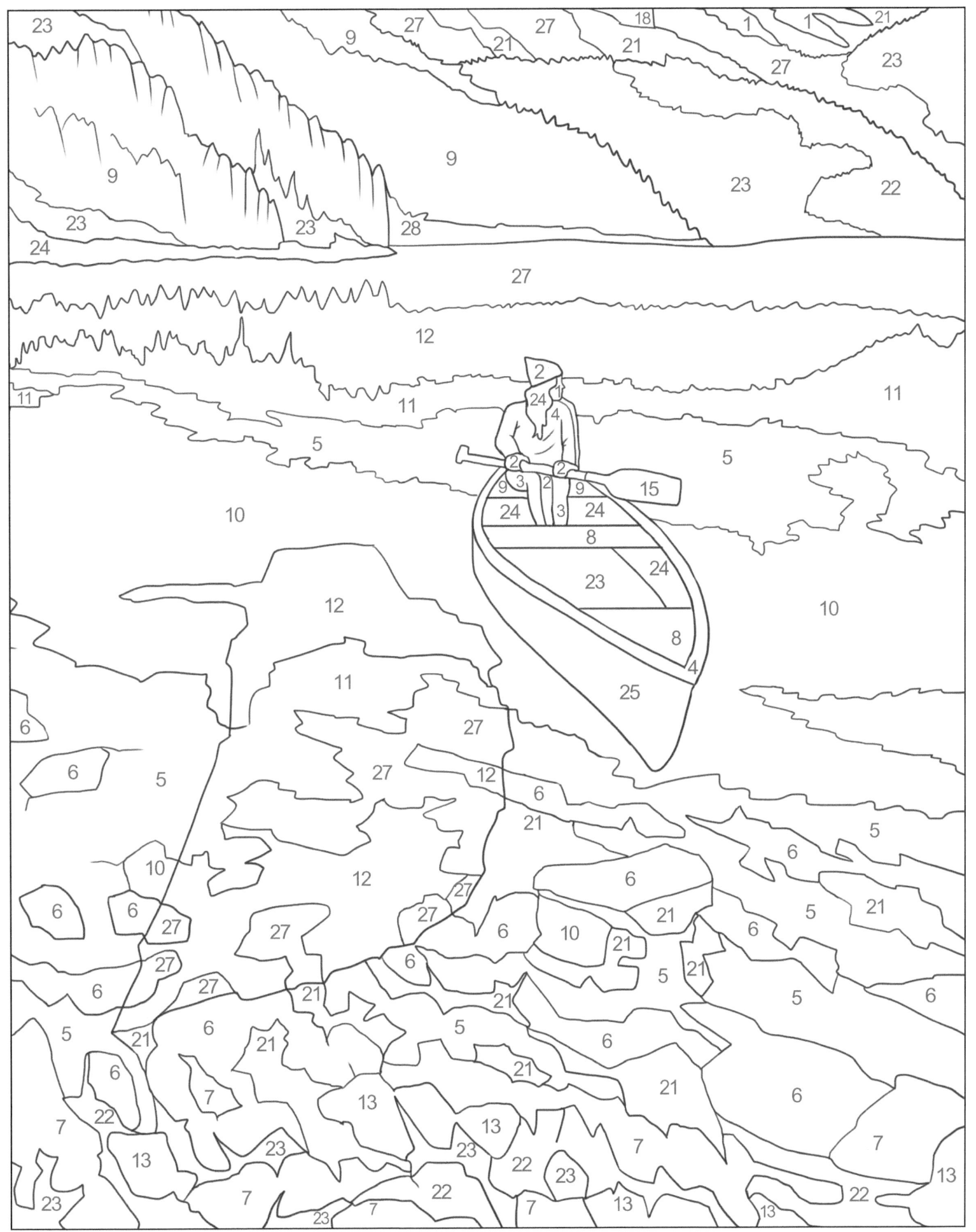

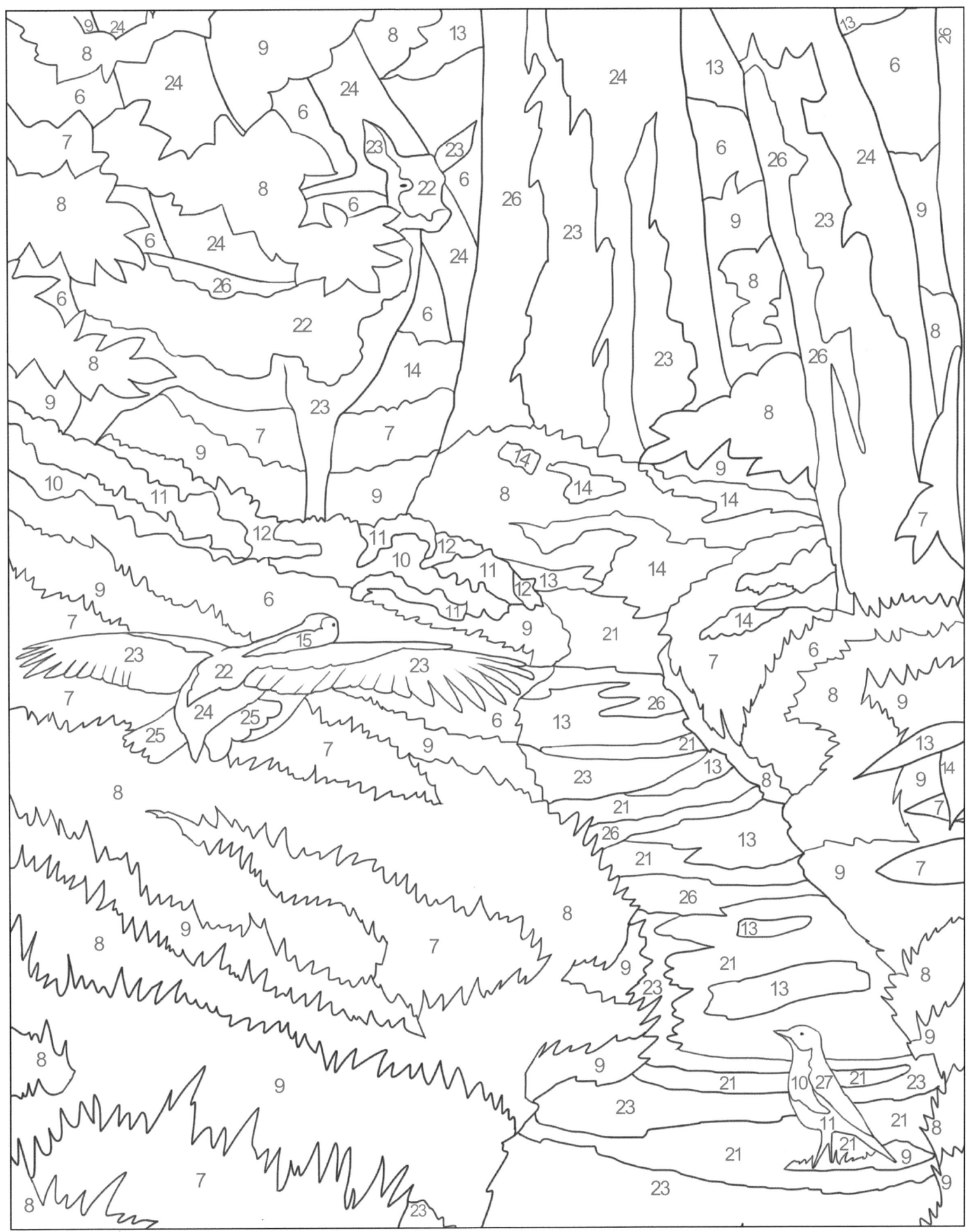

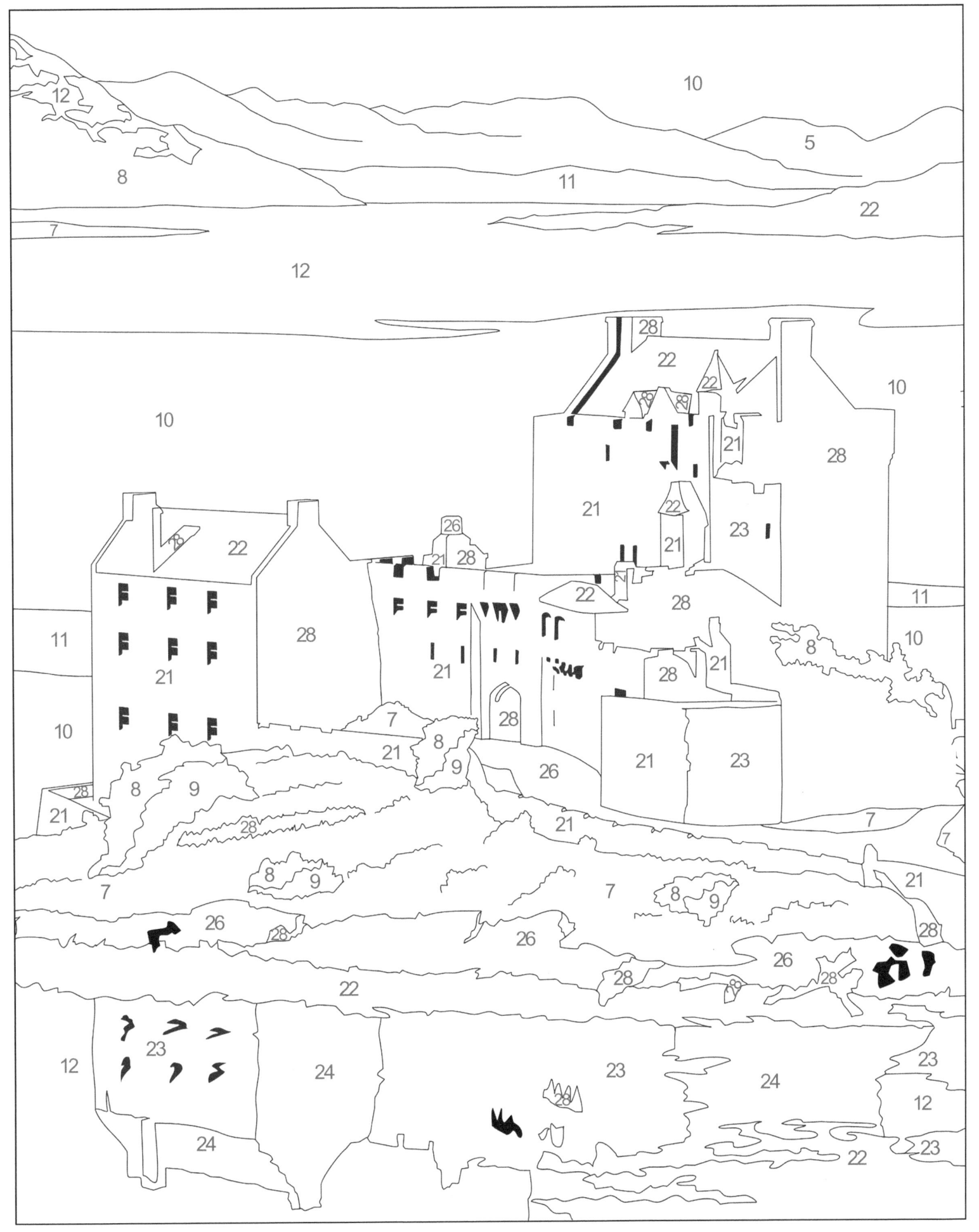

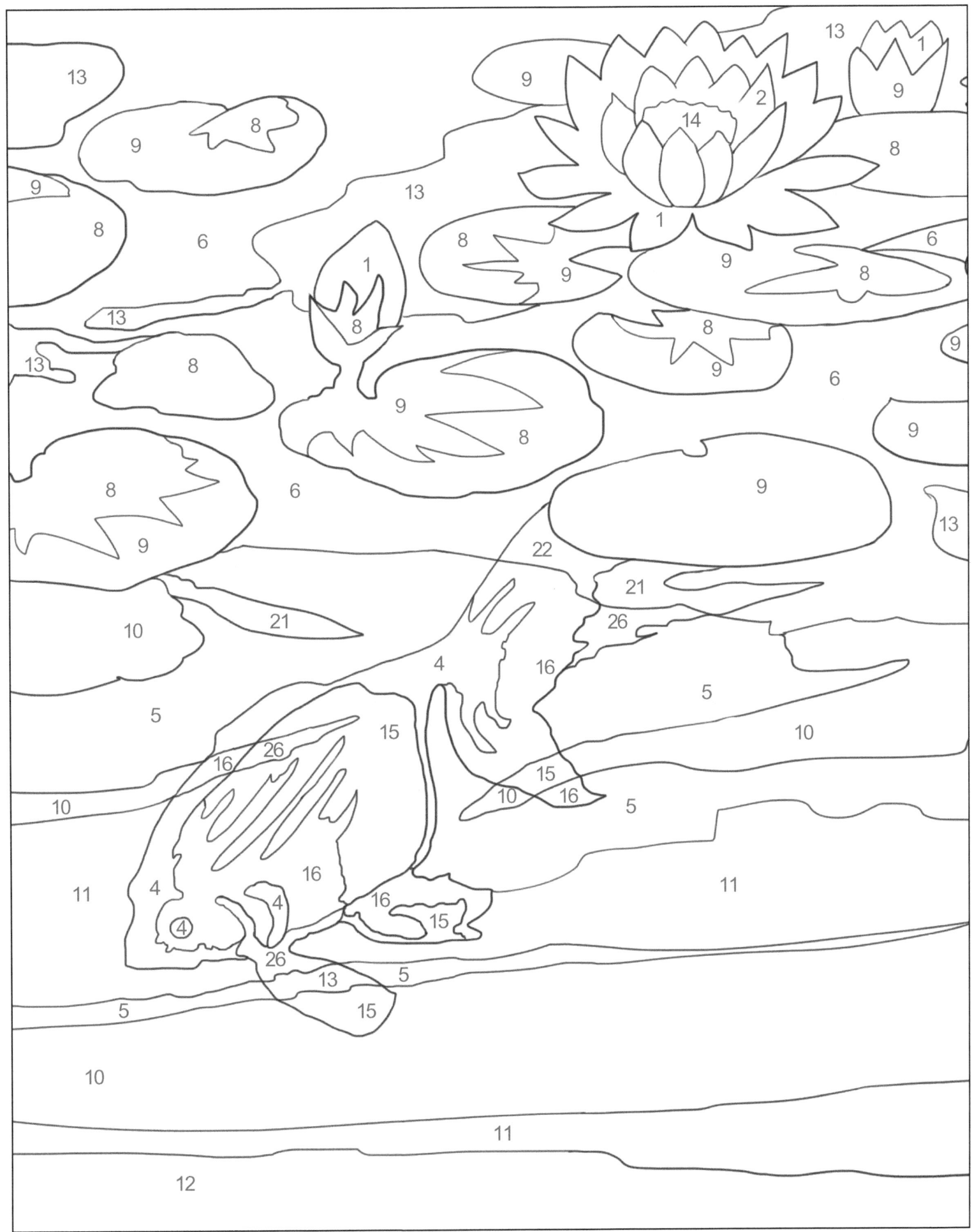

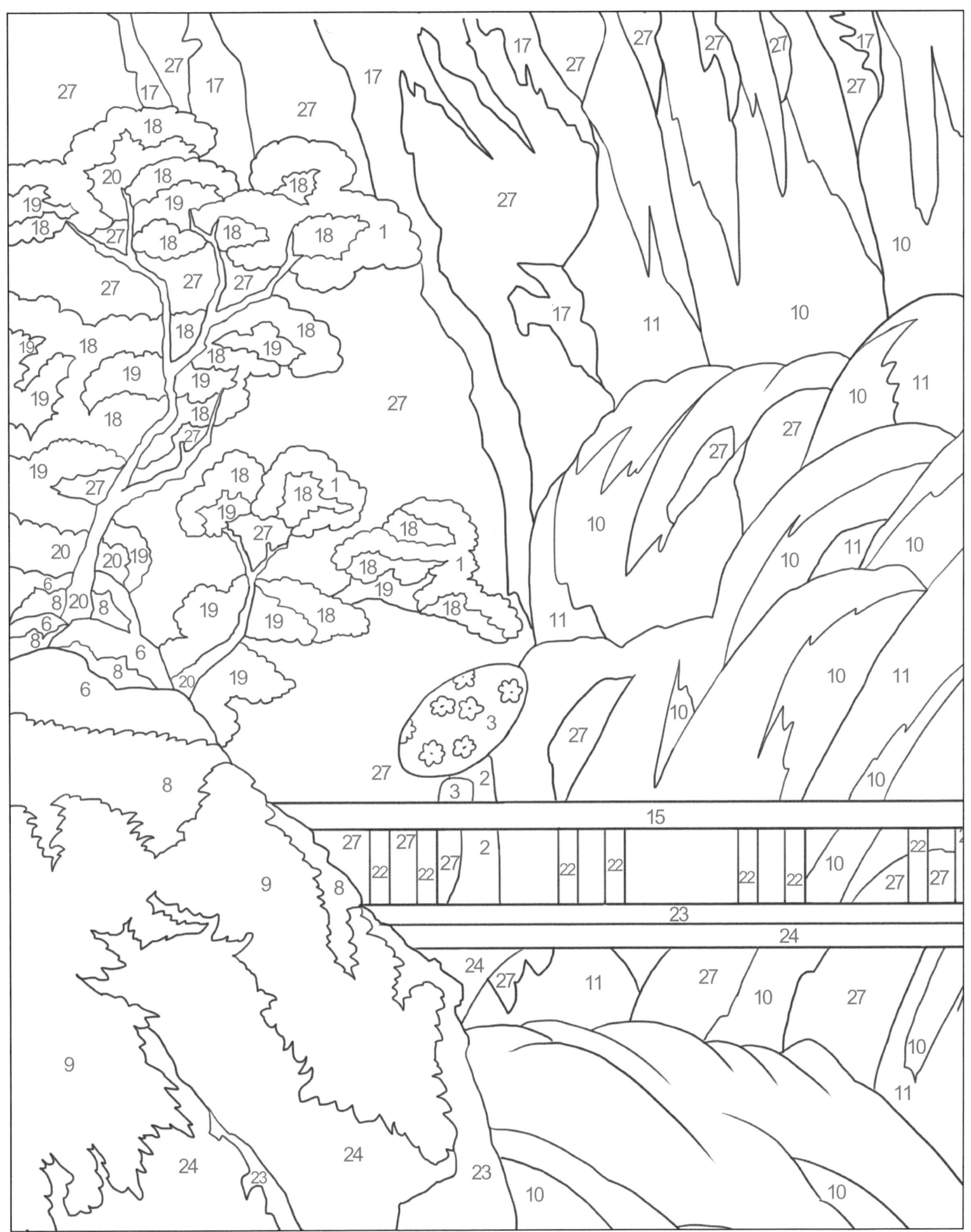

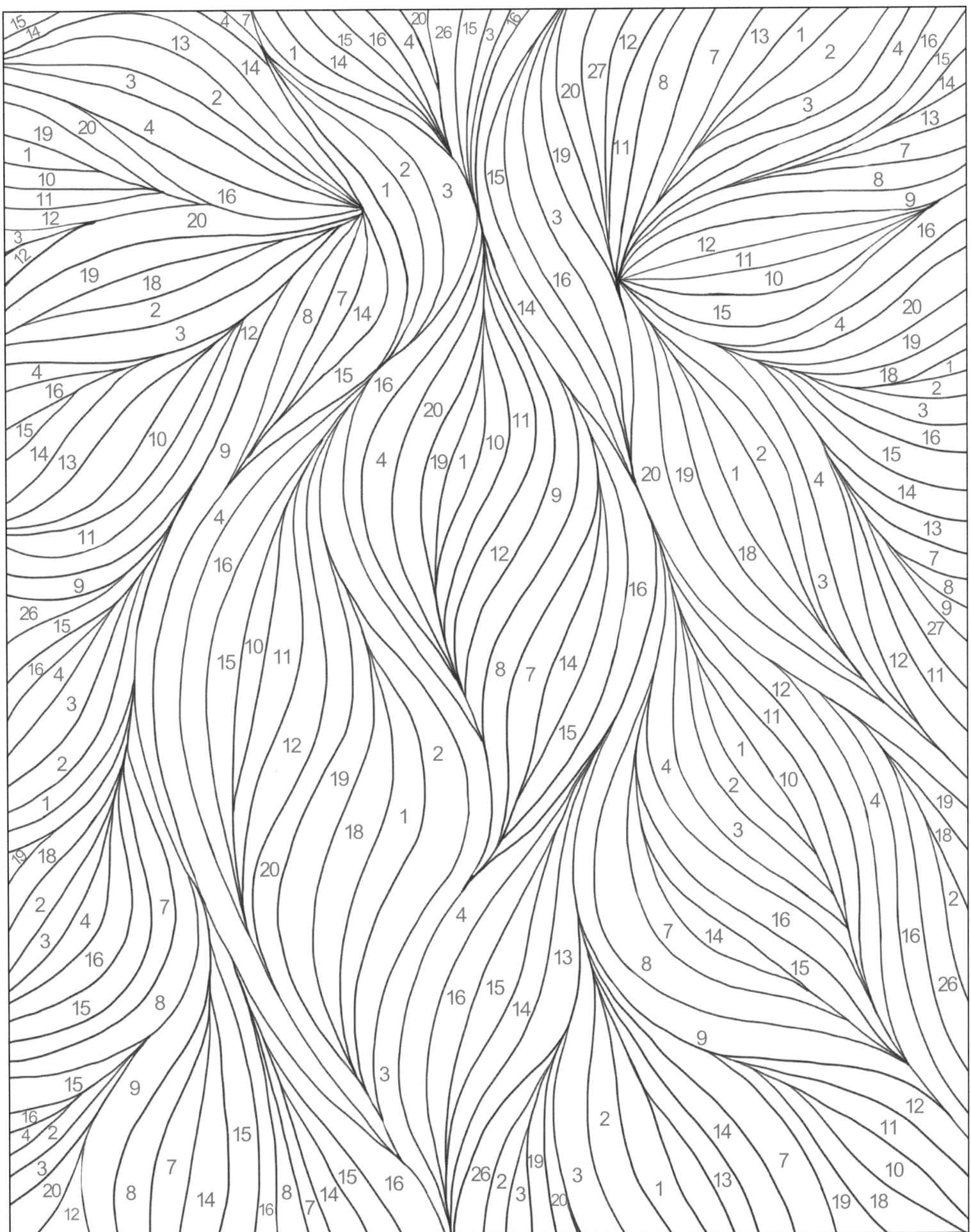

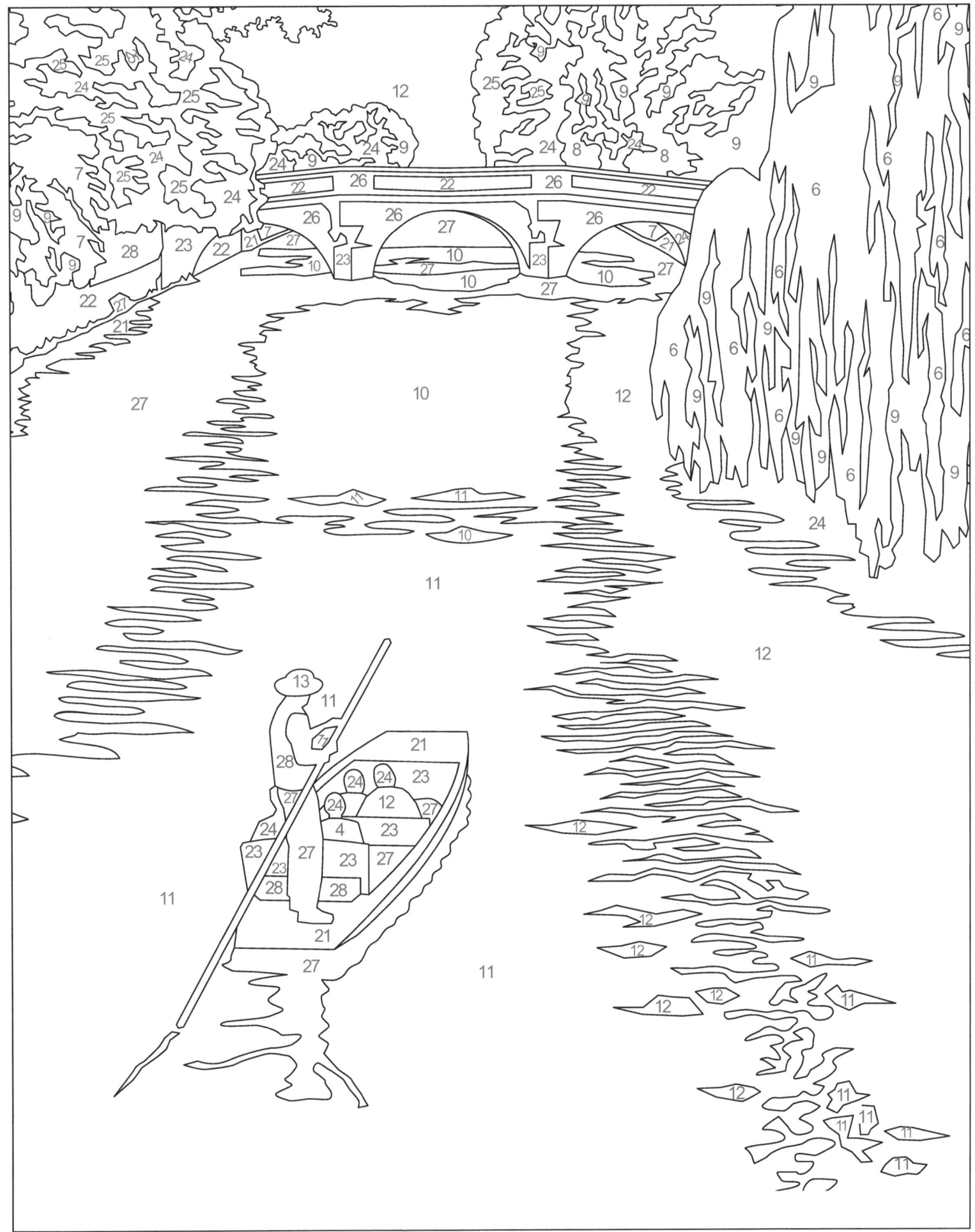

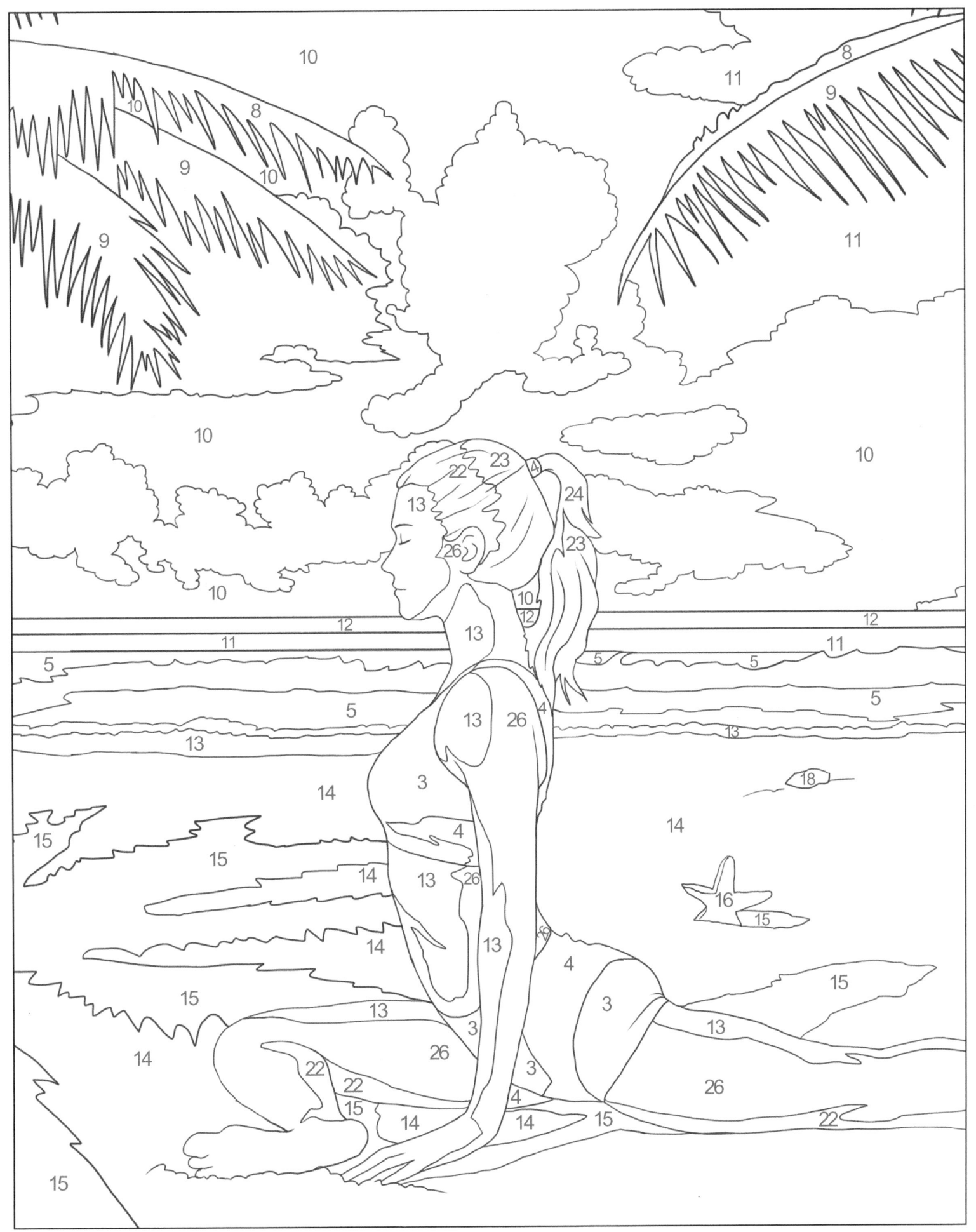

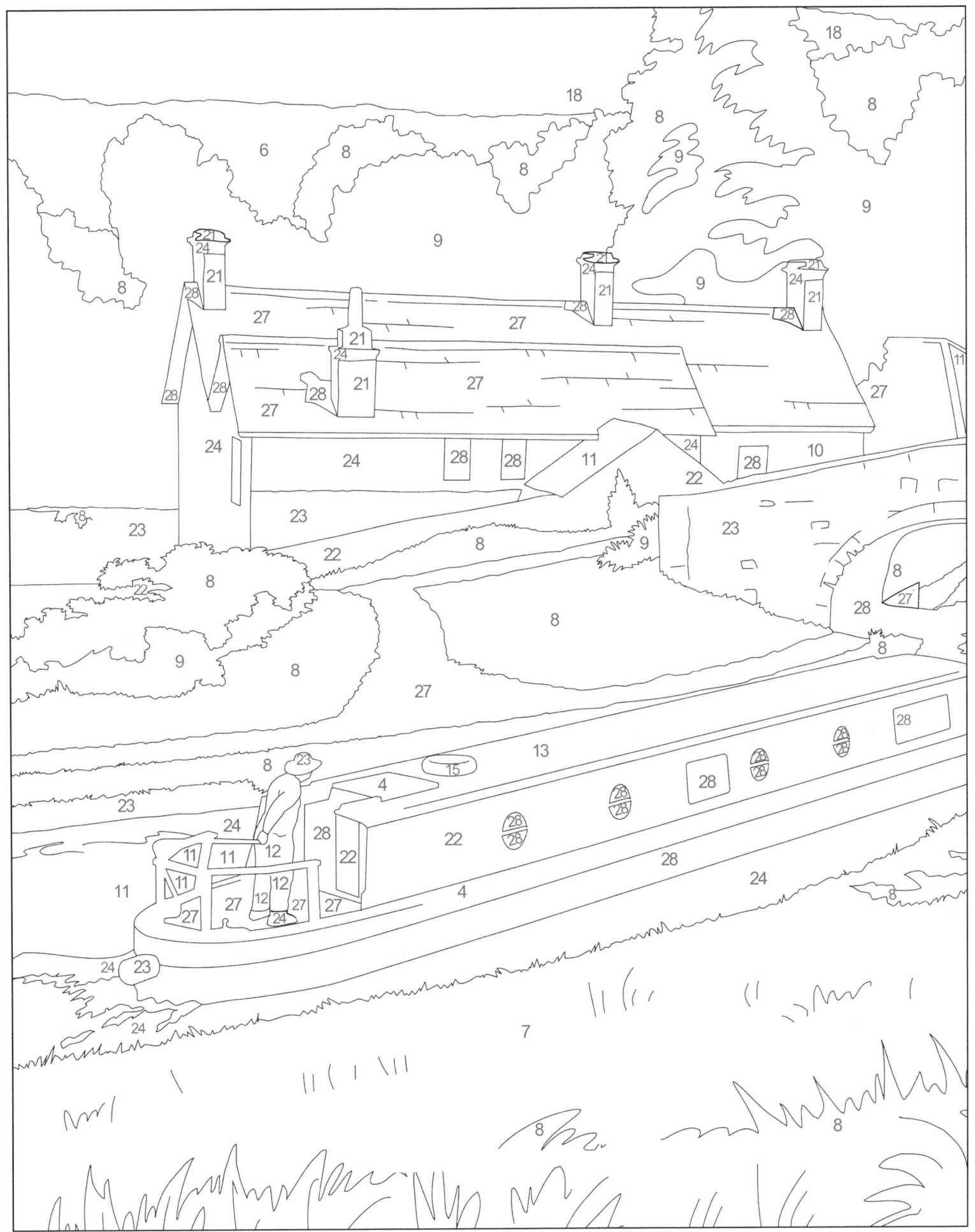

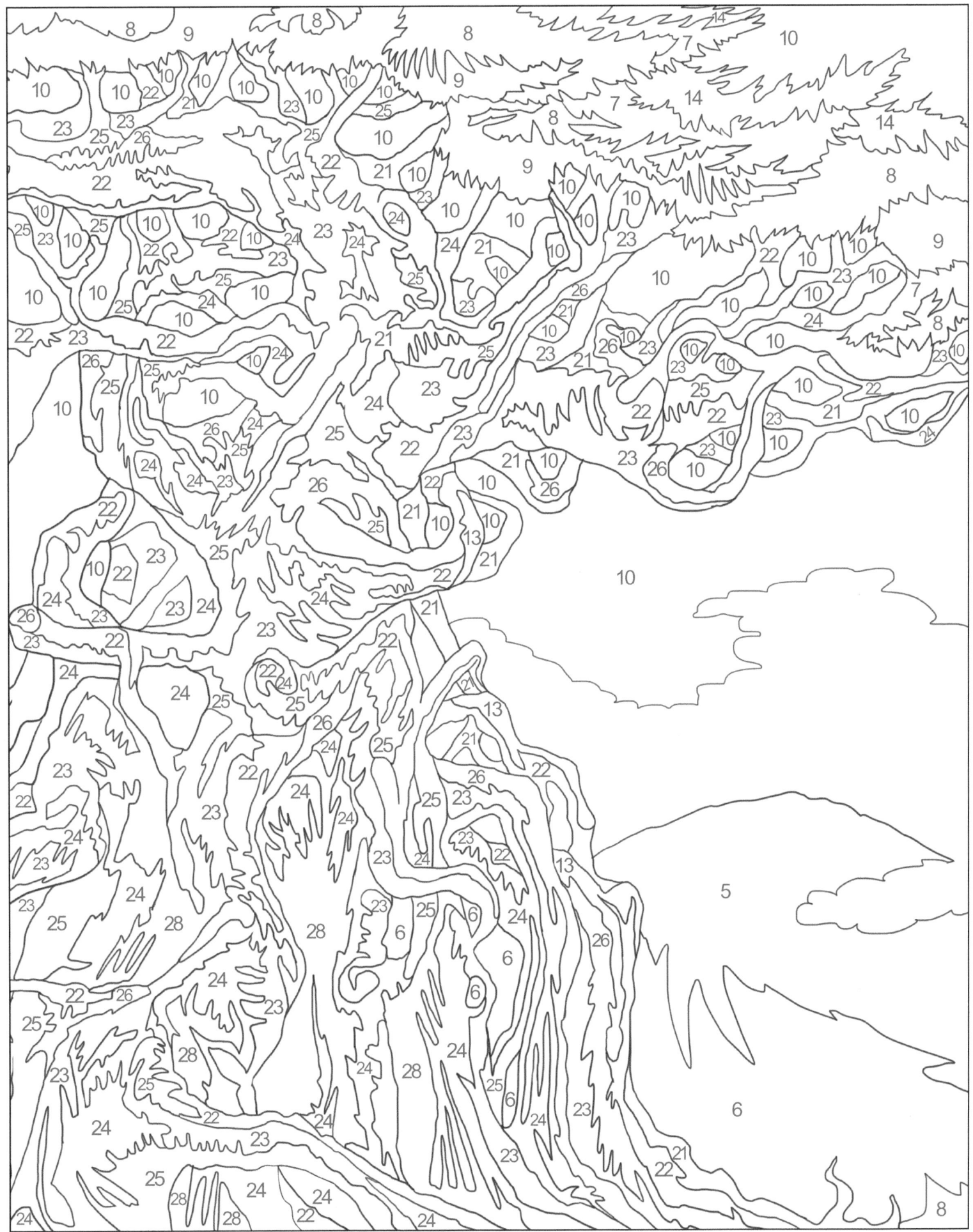

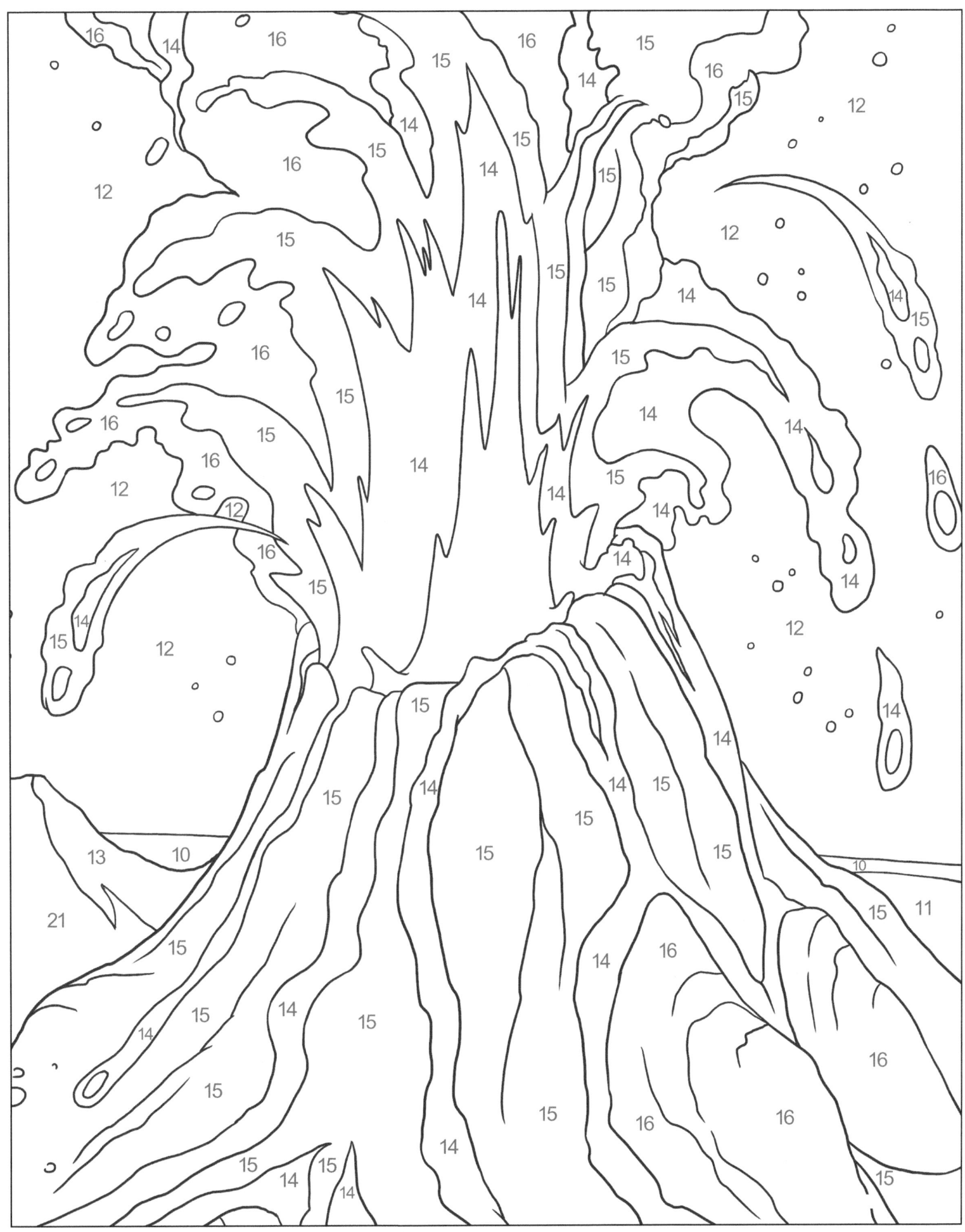

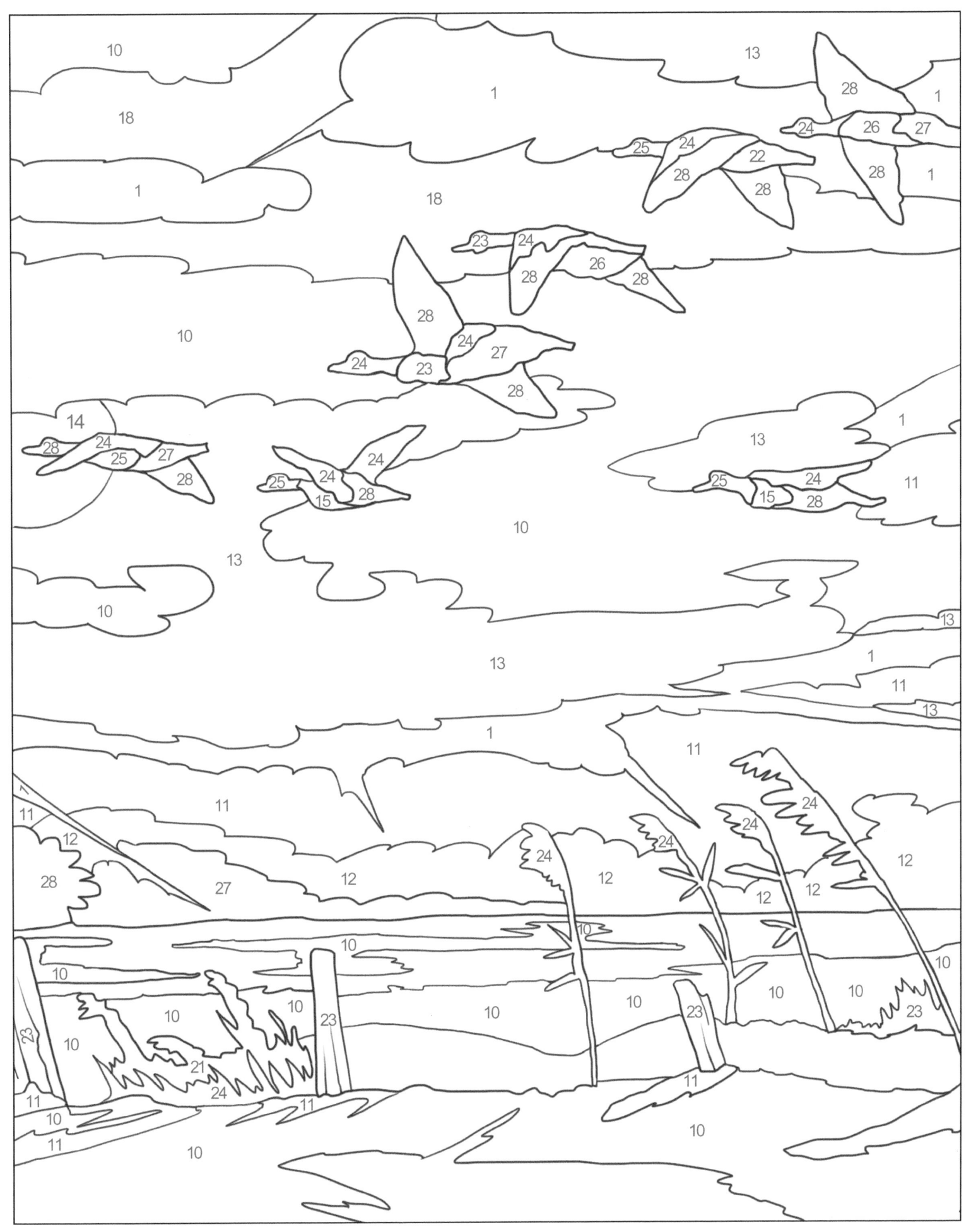

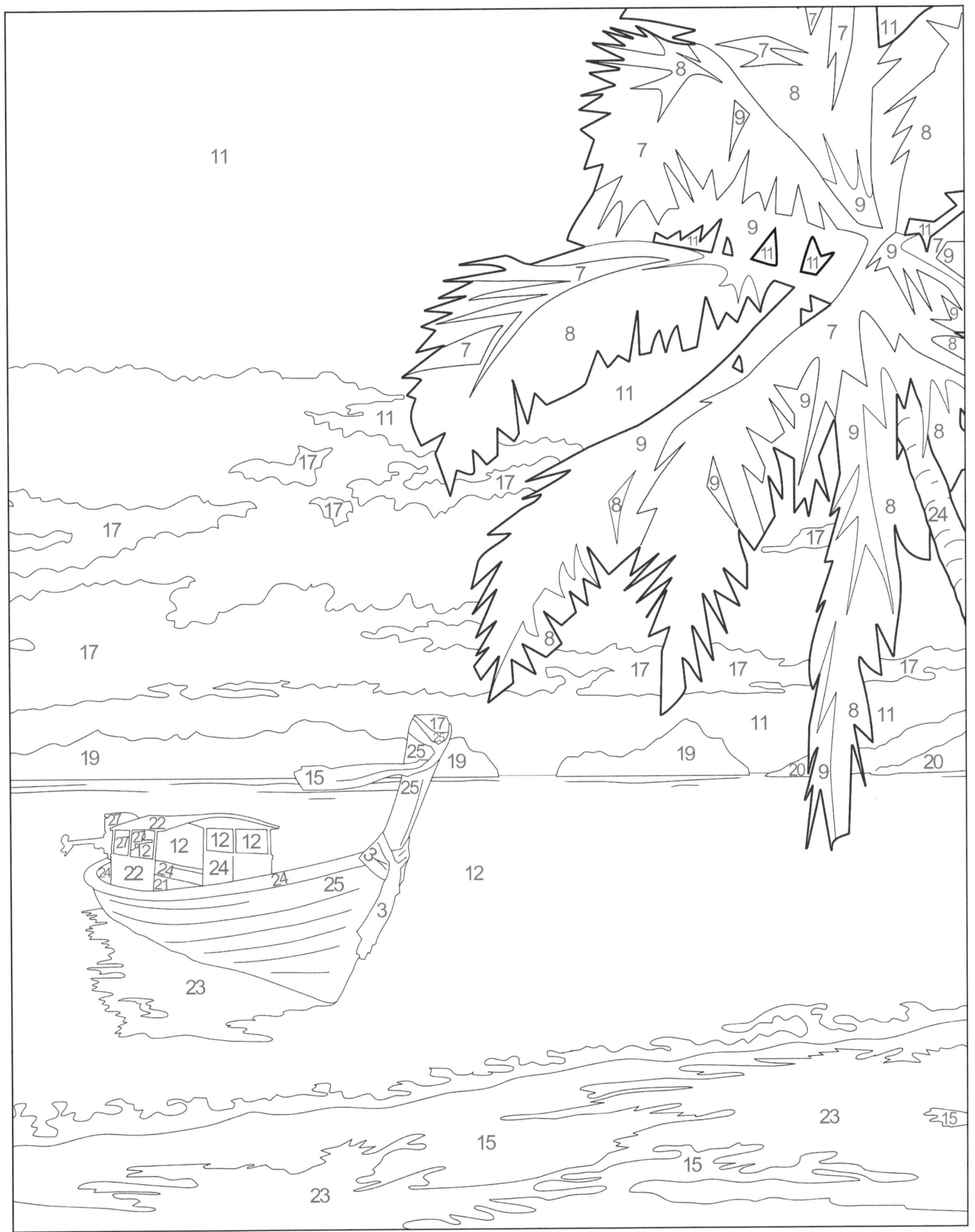

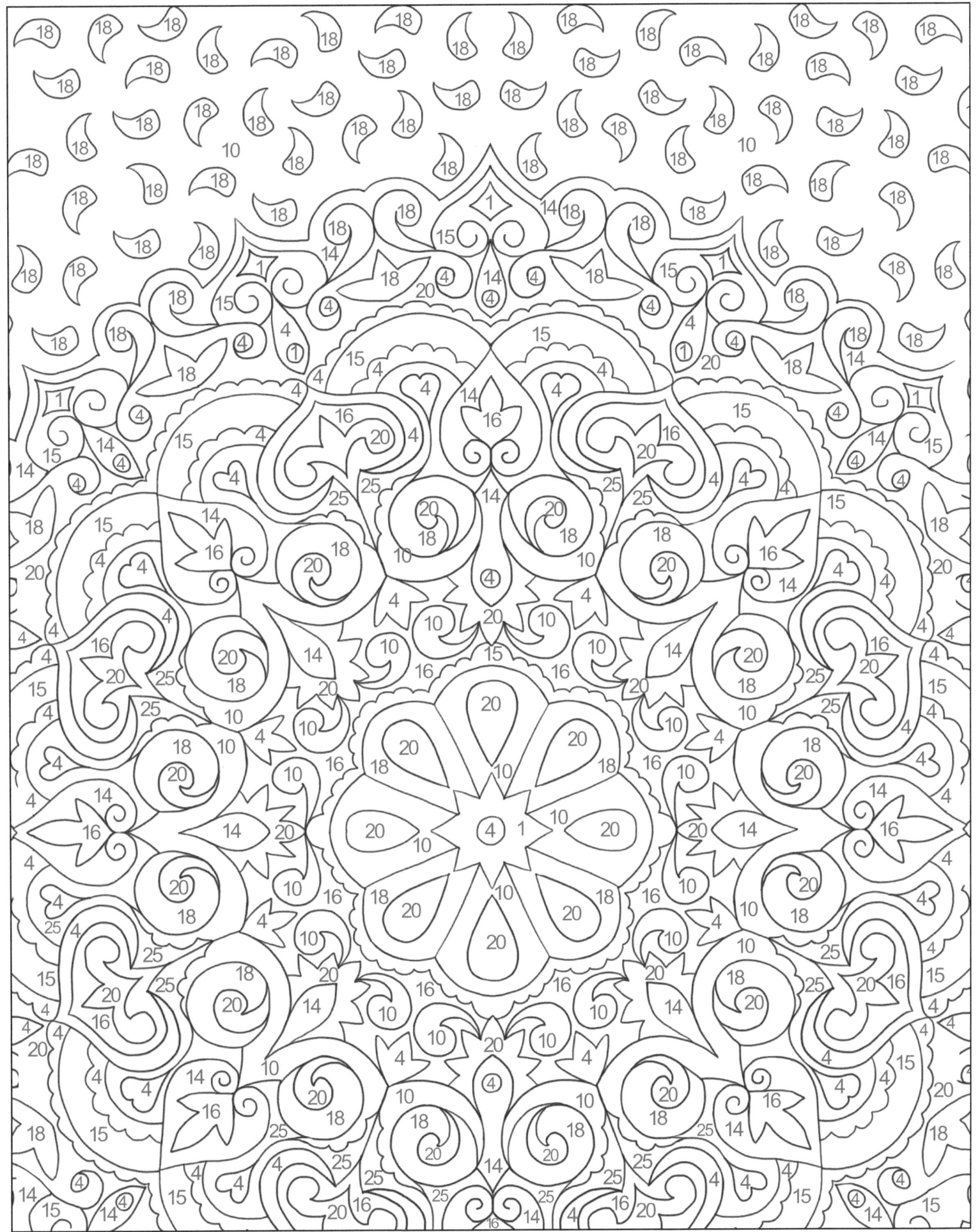

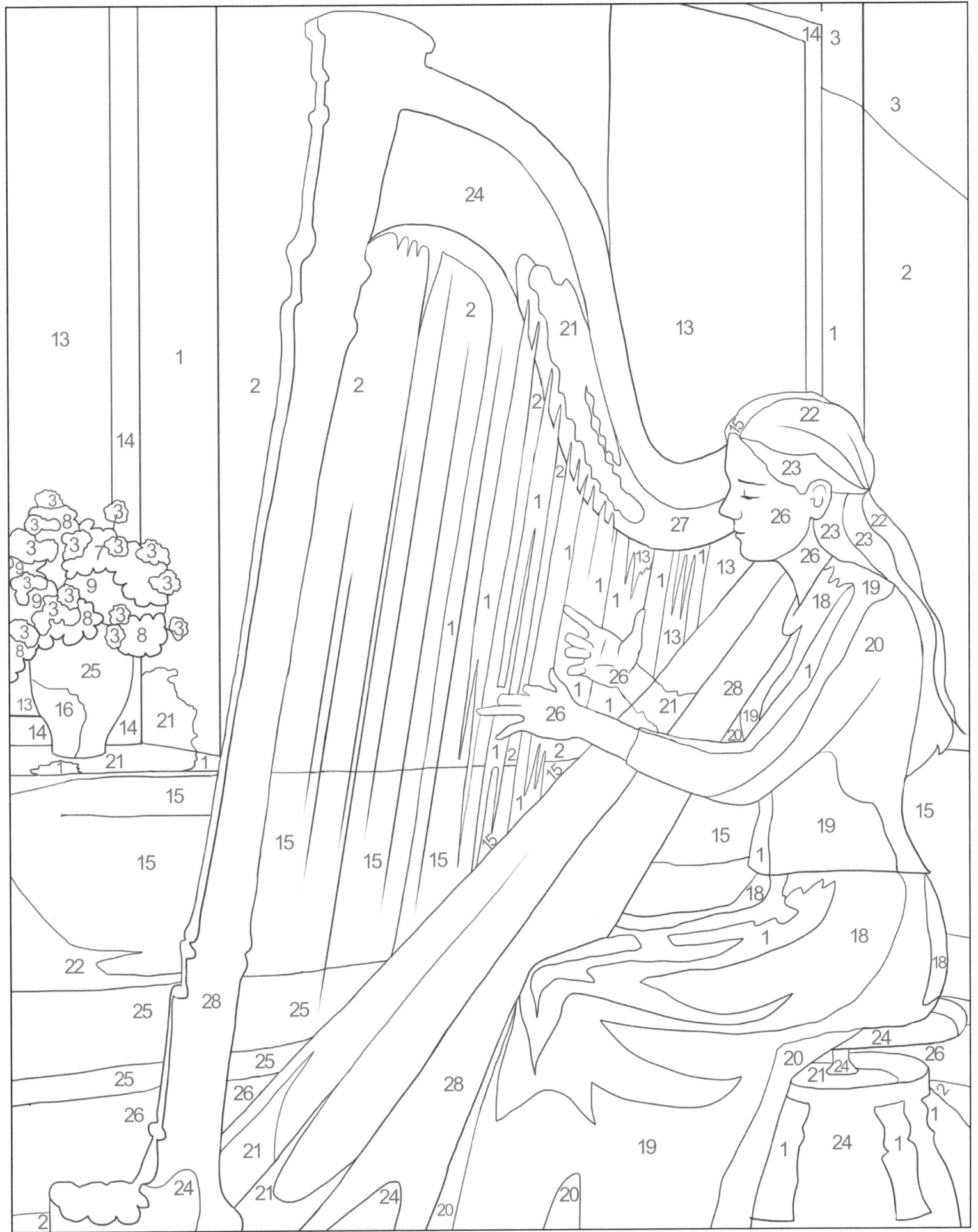

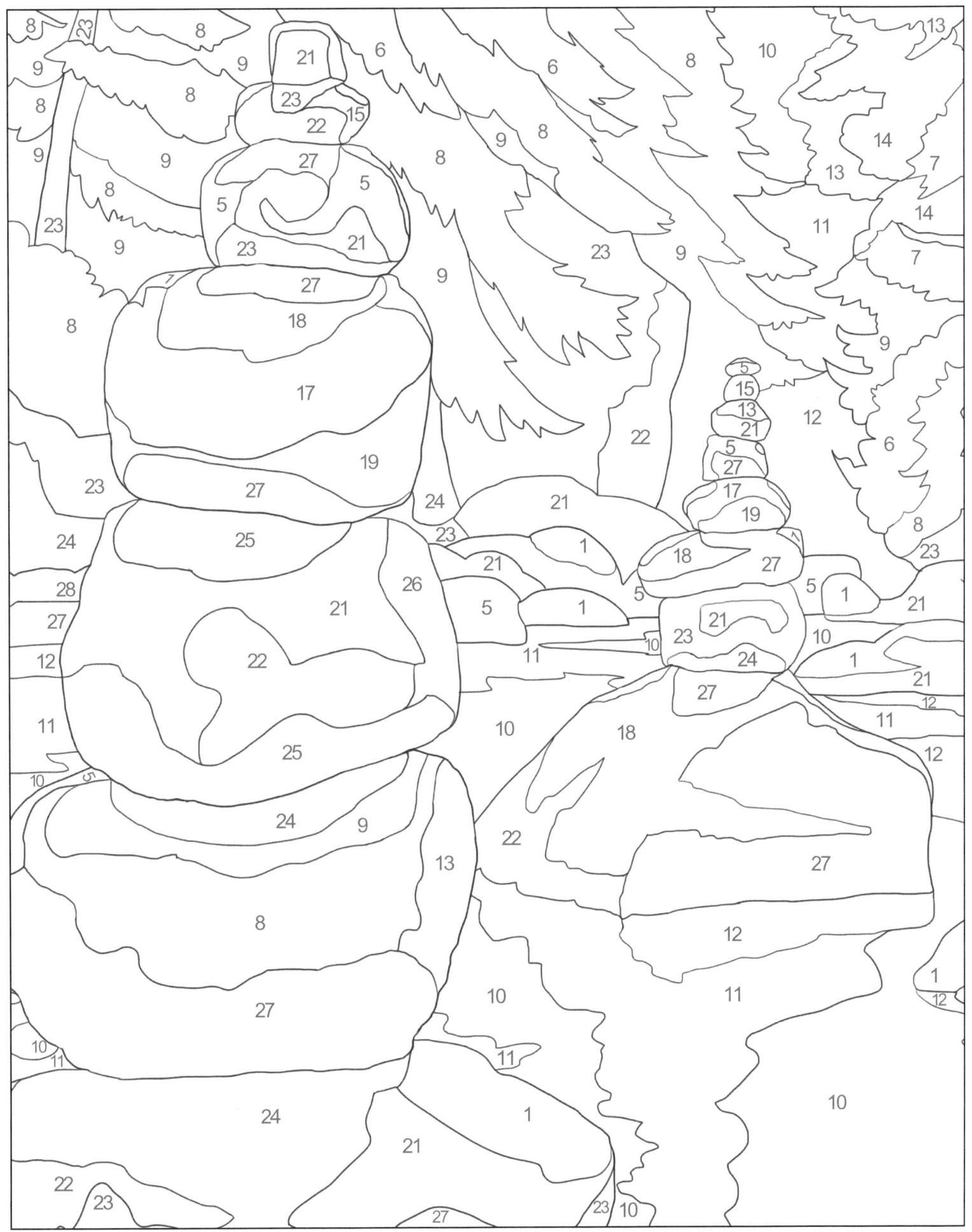

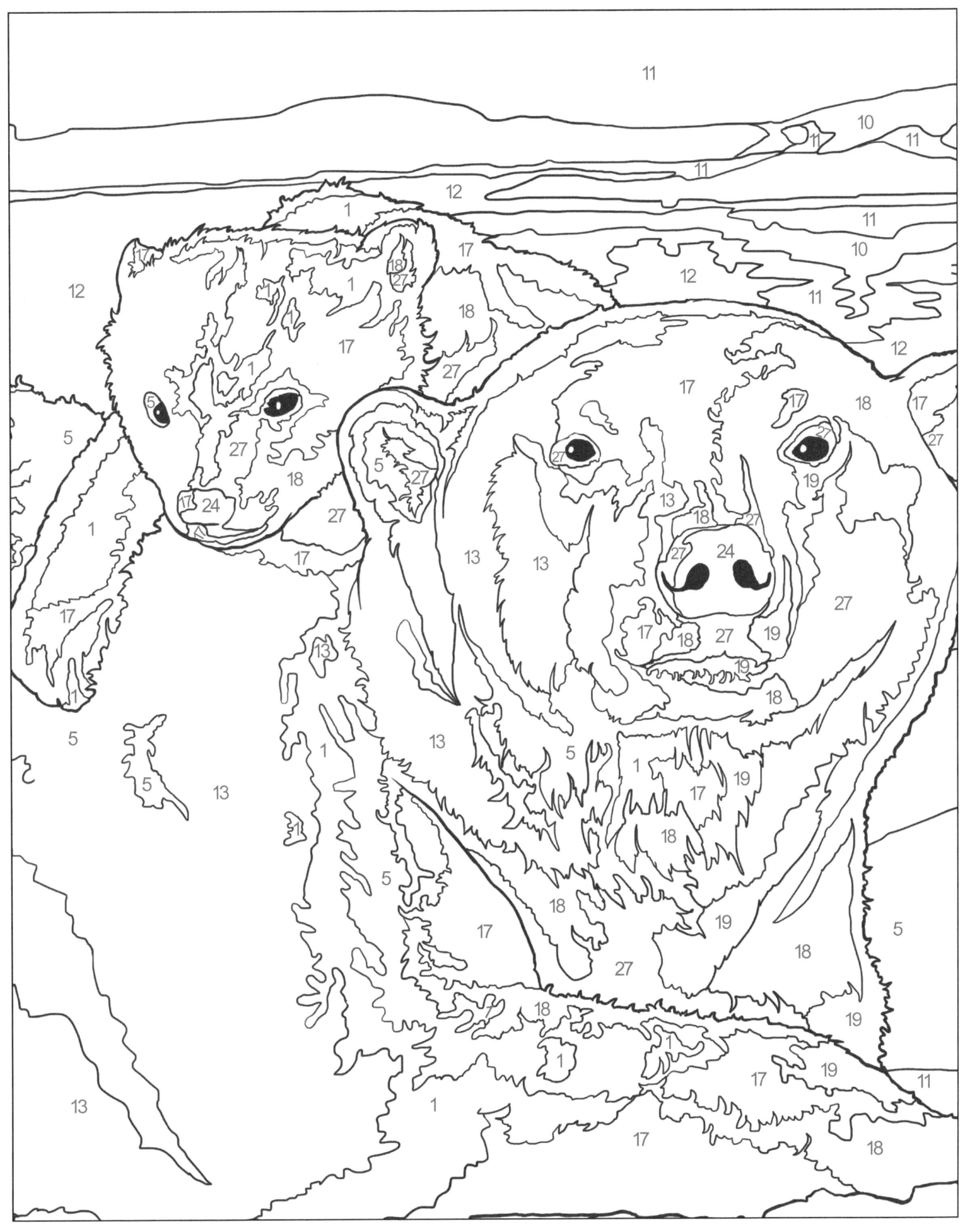

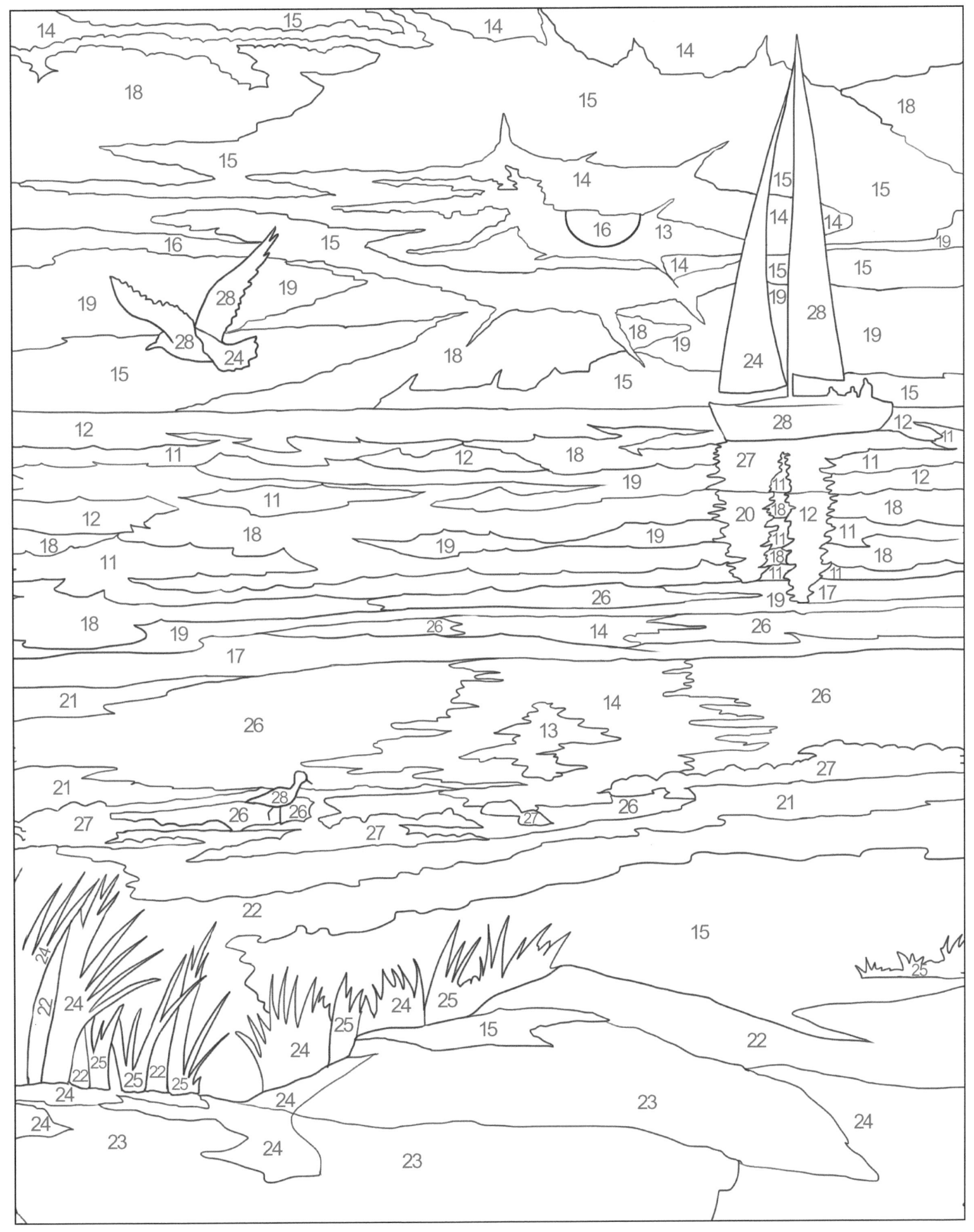

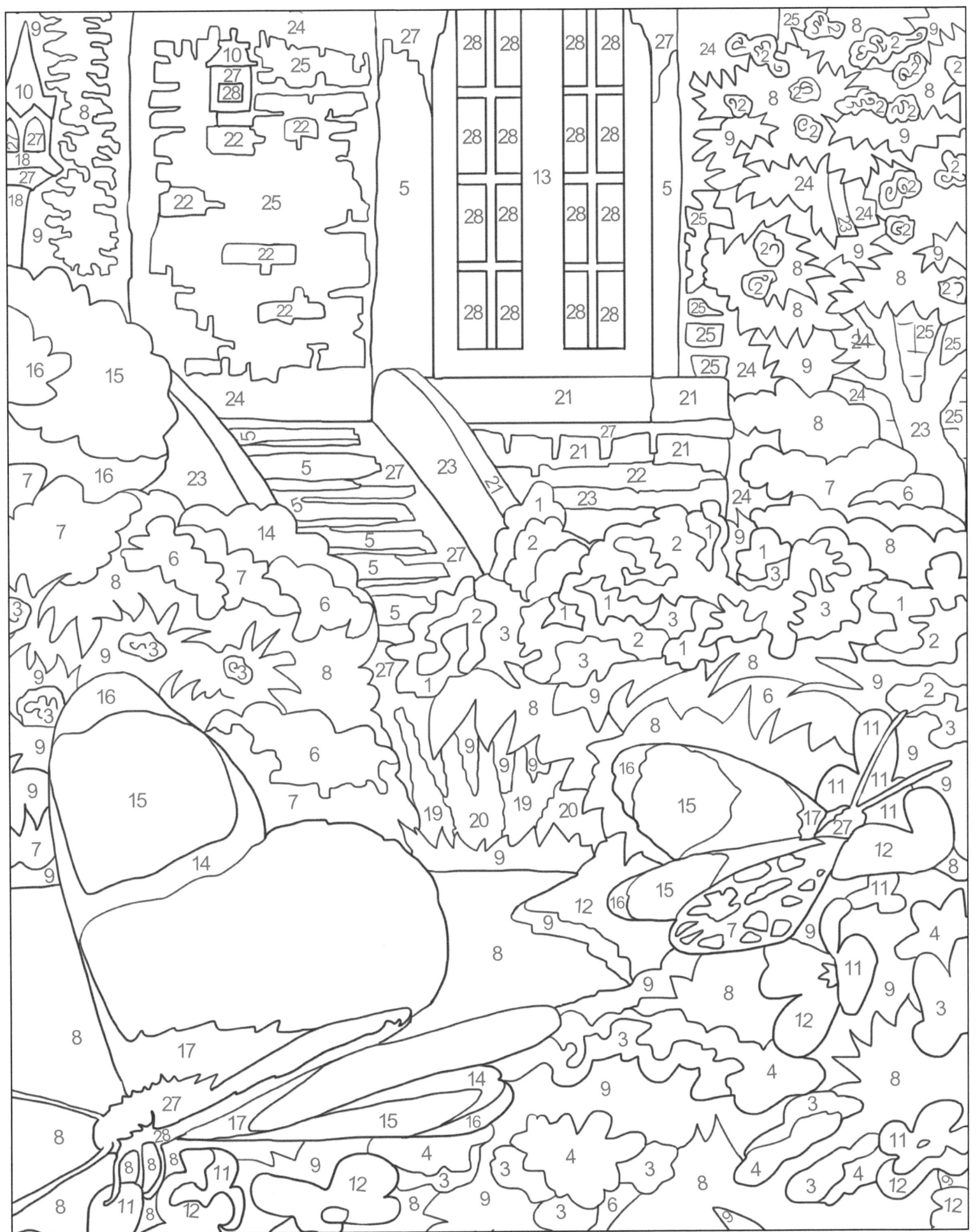

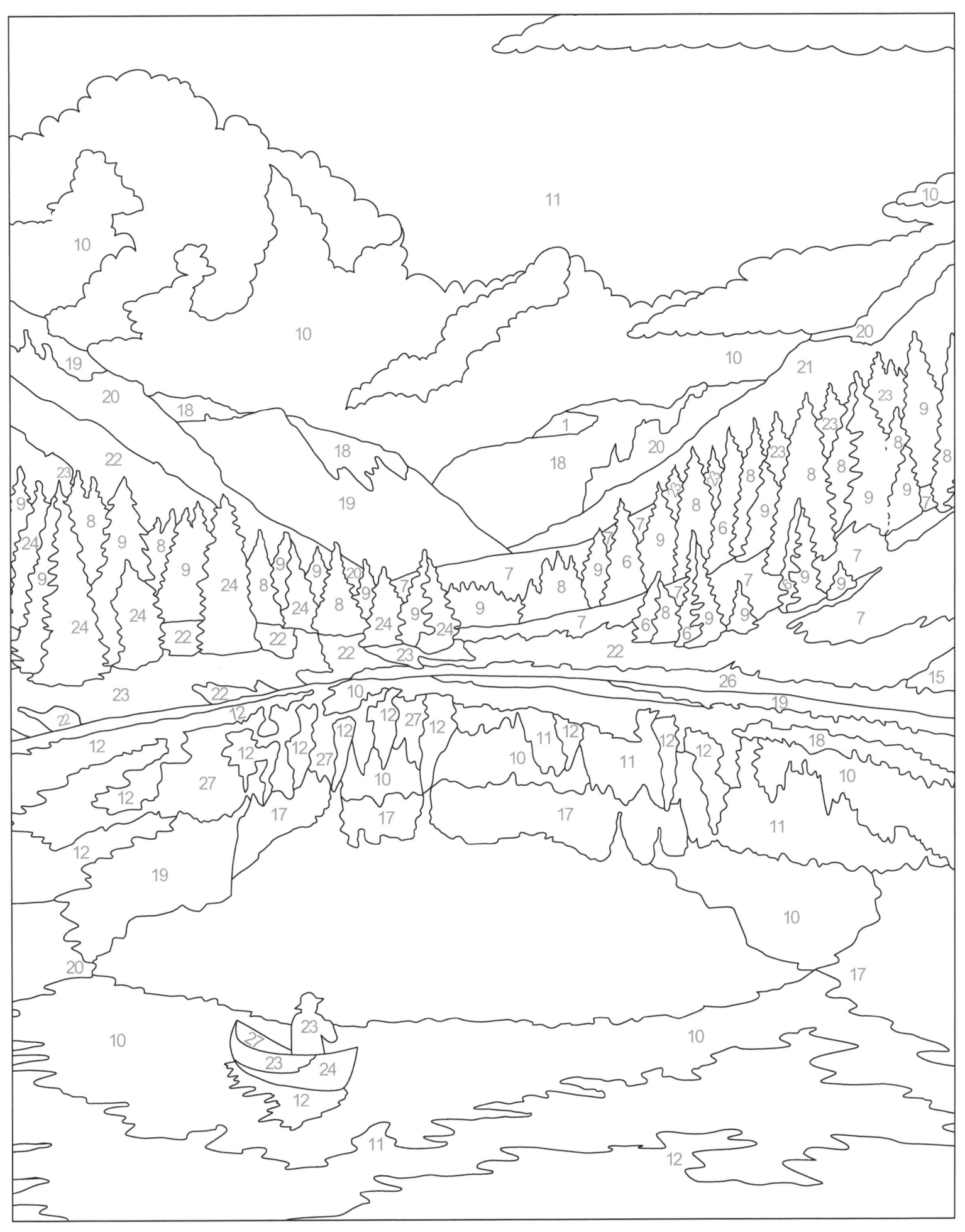

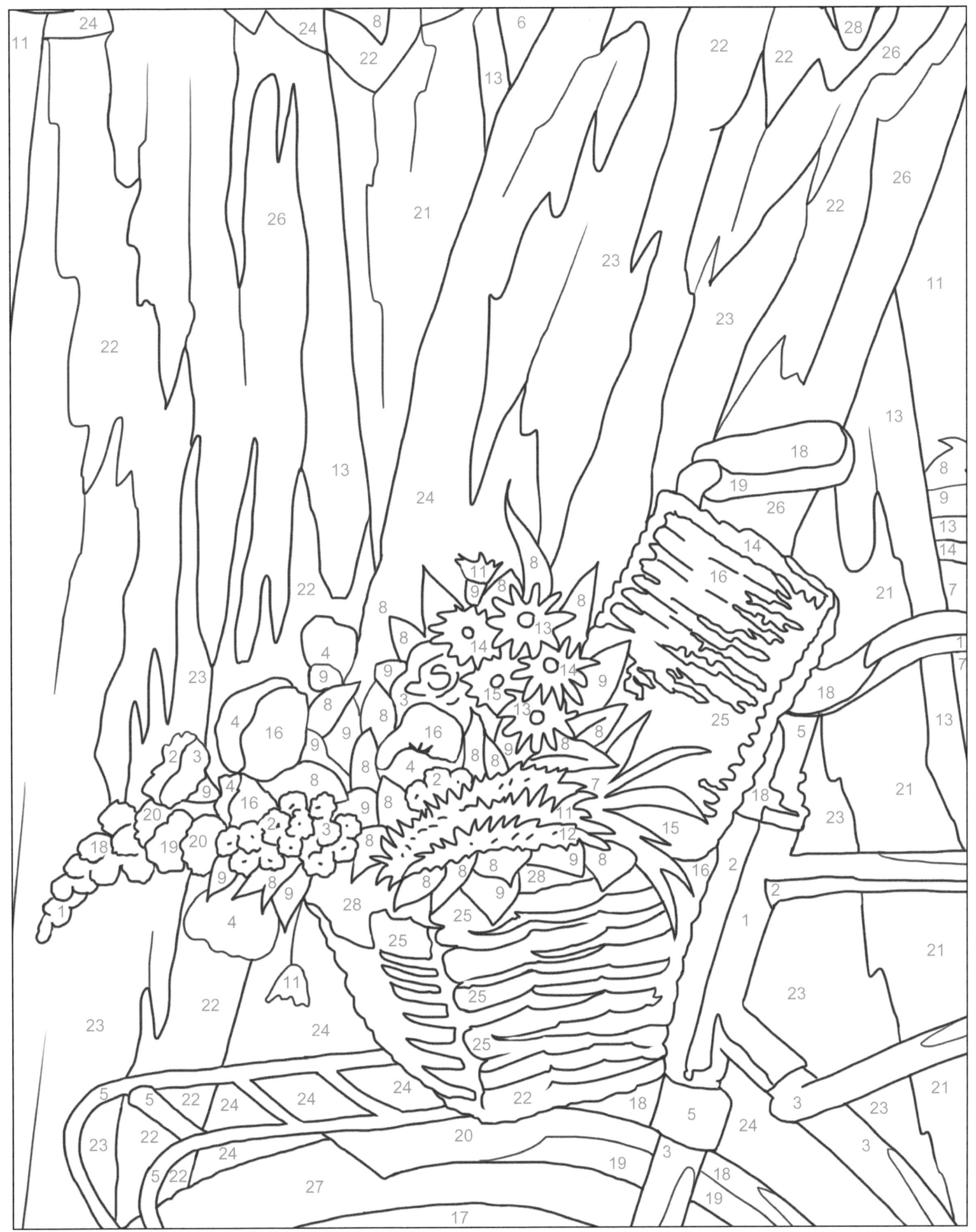